Josef Weidacher

Kleines
wirtschaftswissenschaftliches Wörterbuch

Englisch—Deutsch

Unter Mitarbeit von Christian Karsch

Physica-Verlag · Würzburg—Wien

1976

ISBN 3 7908 0179 8

CIP-Kurztitelaufnahme der Deutschen Bibliothek

Weidacher, Josef
Kleines wirtschaftswissenschaftliches Wörter-
buch: engl.-dt. — Würzburg, Wien: Physica-
Verlag, 1976
   (Physica-Paperback)
   ISBN 3-7908-0179-8

© Physica-Verlag, Rudolf Liebing GmbH + Co., Würzburg 1976
Composersatz und Offsetdruck „Journalfranz Arnulf Liebing GmbH + Co., Würzburg
Printed in Germany
ISBN 3 7908 0179 8

Vorwort

Das vorliegende Wörterbuch ist als Hilfsmittel zur Übersetzung und Lektüre von englischen wirtschaftswissenschaftlichen Texten gedacht und stellt somit eine Ergänzung der bisher eher an der unmittelbaren Wirtschaftspraxis orientierten Fachlexikographie dar. Das Buch beruht auf einem umfangreichen Textkorpus von modernen englischen und deutschen Fachbüchern, Lexika, Fachzeitschriften und Facharticken in Wirtschaftszeitungen und -journalen. Bei der Fachterminologie im engeren Sinn liegt der Schwerpunkt auf der traditionellen Mikro- und Makroökonomie, es finden aber auch Ausdrücke aus der Spieltheorie, Unternehmensforschung, Finanzwissenschaft, aus der marxistischen Wirtschaftstheorie, der politischen Ökonomie und aus den Hilfsdisziplinen, wie Mathematik und Statistik, Berücksichtigung, ebenso wie eine Reihe von allgemeinen Wirtschaftsausdrücken, die natürlich auch in wirtschaftswissenschaftlichen Texten vorkommen.

In vielen Fällen wird neben der deutschen Übersetzung des englischen Fachausdruckes eine Kurzdefinition, eine kurze Erläuterung oder zumindest ein Bereichsverweis gebracht, um dem Benützer neben der bloßen Wortmarke auch einen Hinweis auf den Begriffsinhalt zu geben. Es liegt in der Natur der Sache, daß diese Definitionen und Erläuterungen keinen Anspruch auf wissenschaftliche Genauigkeit und Vollständigkeit erheben können. Sie sollen dem Benützer — besonders wenn er auf einen Terminus außerhalb eines Erklärungszusammenhanges trifft — eine erste Orientierungshilfe bieten.

Der Verfasser würde sich freuen, von den Benützern des Wörterbuches Informationen über ihre Erfahrungen mit dem Buch, Änderungs- und Verbesserungsvorschläge zu erhalten. Sie würden, wenn irgend möglich, in einer eventuellen zweiten Auflage berücksichtigt werden.

Abschließend möchte der Verfasser allen jenen danken, die sich bereitwillig als Informanten zur Verfügung gestellt haben: allen voran Herrn Professor Dr. Leonhard Bauer, den Assistenten des Institutes für Sozialökonomie und Herrn Dr. Reim von der Wirtschaftsuniversität Wien. Sein besonderer Dank gilt Herrn Dr. Christian Karsch von der Universität Wien, der es übernommen hat, das Manuskript noch einmal auf seine wissenschaftliche Stichhaltigkeit hin zu überprüfen.

Wien, Oktober 1976

Liste der Abkürzungen (soweit nicht im Text erklärt)

adj	akjektivisch, Adjektiv
Am	amerikanisch, Amerika, USA
BA	Bank- und Geldwesen
BNP	Bruttonationalprodukt
Br	britisch, Großbritannien
BU	Buchhaltung, betriebliches Rechnungswesen
ENT	Entwicklungsländer, -hilfe
G	Gegensatz
LINPLAN	lineare Planungsrechnung
IN/OUT	Input-Output Analyse
MAT	Mathematik
MZ	Mehrzahl
OR	Operations Research
REG	Regionalökonomie
sb	substantivisch, Substantiv
SPT	Spieltheorie
ST	Steuerlehre
STAT	Statistik
vb	verbal, Verbum
VGR	volkswirtschaftliche Gesamtrechnung
ZB	Zahlungsbilanz, Außenwirtschaft

A

ability-to-pay principle Leistungsfähigkeitsprinzip (Grundsatz der Bemessung von öffentl. Abgaben nach der Leistungs- bzw. Opferfähigkeit der Wirtschaftssubjekte)

absenteeism 1) (unentschuldigtes) Fernbleiben von der Arbeit, Absentismus, Blaumachen 2) (dauernde) Abwesenheit des Grund- oder Kapitaleigners, daher auch: Trennung von Eigentum und Leitung

absentee ownership → absenteeism 2)

absorption Endverbrauch; Gesamtausgaben der Inländer für Güter und Leistungen, verfügbares Güter- und Leistungsvolumen

absorption approach Absorptionstheorie (Theorie zur Erklärung der Zahlungsbilanzausgleichmechanismen, die die Wechselwirkung von Wechselkursänderung und Änderungen im Volkseinkommen berücksichtigt)

absorptive capacity Aufnahmefähigkeit (z.B. eines Entwicklungslandes für Kapitalhilfe)

abstain (vb) sich enthalten

abstinence (Konsum-) Verzicht, Enthaltsamkeit (vom Konsum)

abstinence theory of interest Abstinenztheorie (Zinstheorie, nach welcher der Zins die Belohnung für den Verzicht des Wirtschaftssubjektes vom sofortigen Verbrauch ist)

AC → average cost

accelerated depreciation 1) vorzeitige Abschreibung (als staatliche Förderungsmaßnahme/,,accelerated" im Vergleich zu einer wie immer verlaufenden ,,normalen Abschreibung") 2) degressive Abschreibung (,,accelerated" gegenüber der ,,linearen" A.)

acceleration effect Akzelerationseffekt (→ acceleration principle)

acceleration principle Akzelerationsprinzip, Beschleunigungsp. (produktionstechnischer Verstärker- bzw. Beschleunigungseffekt / Veränderungen

in der Konsumgüternachfrage führen mit einer zeitl. Verzögerung zu einer disproportionalen Veränderung in der Nachfrage nach den entsprechenden Investitionsgütern) / vgl. accelerator)

accelerator Akzelerator (Quotient aus Nettoinvestition und marginaler Änderung der Konsumgüternachfrage − meist der Vorperiode(n)-, welche die Nettoinvestition induziert; auch → acceleration principle; → acceleration effect)

accelerator coefficient → accelerator

accelerator-multiplier model Akzelerator-Multiplikator-Modell (Modell zur Erklärung der Konjunkturzyklen / → accelerator; → multiplier)

accelerator principle → acceleration principle

accession rate Prozentsatz der neu eingestellten Arbeitskräfte, Einstellungsrate

accommodating movements Ausgleichstransaktionen (→ accommodating transactions)

accommodating transactions Ausgleichstransaktionen, induzierte Transaktionen (durch → autonomous transactions erforderlich gemachte Kapitalbewegungen in der Zahlungsbilanz)

account Konto; Rechnung; Teilbilanz (ZB)

accounting price Schattenpreis (→ shadow price)

accounting value Schattenpreis, -wert (→ shadow price)

accounts receivable Forderungen (bes. aus Warenlieferungen und Leistungen) (BU)

accrual 1) Auflaufen, Anfall, Zuwachs, Entstehen, Eintritt (vgl. accrue) 2) (MZ) Antizipativa, Rechnungsabgrenzungsposten (BU)

accrual basis Prinzip der Periodenreinheit (BU / G: → cash basis)

accrue (vb) auflaufen (Zinsen), erwachsen, anfallen; zufließen (Gewinne); fällig werden; eintreten (Haftung)

accrued expense passives Antizipativum (BU)

accrued income aktives Antizipativum a. Antizipativa (BU)

accrued interest aufgelaufene (aber noch nicht gutgeschriebene) Zinsen

accrued item antizipatorischer Posten, Antizipativum; Rechnungsabgrenzungsposten

accumulation 1) Akkumulation (Vermehrung des Kapitalstocks einer Volkswirtschaft) 2) Akkumulation (marx.) (Vermehrung des Kapitalstocks im kapitalistischen Wirtschaftsprozeß / in der Endphase verbunden mit einer Zusammenballung in den Händen weniger Kapitalisten)

activity Aktivität, Prozeß (Grundbegriff der → activity analysis / Kombination von Faktoren und das daraus resultierende Ergebnis)

activity analysis Aktivitätsanalyse (Anwendung der linearen Planungsrechnung → linear programming auf bestimmte produktions- und allokationstheoretische Probleme / z.B. mikroökonomische Produktionsfunktion, allg. Gleichgewichtsanalyse, Input-Output)

activity rate Beschäftigungsquote (prozentueller Anteil der Beschäftigten an der Erwerbsbevölkerung)

activity ray Prozeßstrahl (vom Koordinatenursprung ausgehender Halbstrahl, der eine Aktivität im Sinne der → activity analysis darstellt)

actuary Versicherungsmathematiker; (fig.) Durchschnittswert, Durchschnittsertrag

AD → aggregate demand

adding-up theorem Additionstheorem, Eulersches Theorem (MAT)

administered price administrierter Preis (von privaten Monopolen, Oligopolen oder vom Staat determinierter Preis / G: Konkurrenzpreis)

administered rate (of interest) administrierter Zinssatz (zumeist von der Zentralbank determinierter Zinssatz / z.B. die Bankrate)

ad valorem duty Wertzoll

advance (sb) 1) Fortschritt; Zunahme, Erhöhung 2) Vorschuß, Bevorschussung 3) Ausleihung, Bankkredit (bes. kurzfristiger K.); Lombardkredit der Zentralbank an das Bankensystem

adverse balance passive (Handels- / Leistungs- / Zahlungs-) Bilanz

affluent society Wohlstandsgesellschaft, Überflußgesellschaft

„after trade" Situation nach Aufnahme der Außenhandelsbeziehungen (Theorie der komparativen Kosten)

age distribution Altersstruktur (einer Bevölkerung)

agent 1) Faktor 2) Beauftragter, (Handels-) Vertreter, Agent

agent of production (→ factor of production)

agglomeration Ballung (-sgebiet), Agglomeration (örtliche Konzentration von Wirtschaftstätigkeit, Bevölkerung etc.)

aggregate (sb) Aggregat, Globalziffer

aggregate (vb) aggregieren, zusammenlegen (Teilgrößen, Konten in der VGR, etc.)

aggregate (adj) Gesamt . . . , gesamtwirtschaftlich, makro . . .

aggregate demand gesamtwirtschaftliche Nachfrage

aggregate economics Makroökonomie (→ macro-economics)

aggregate supply gesamtwirtschaftliches Angebot

aggregation Aggregation, Zusammenlegung, Konsolidierung (von Teilgrößen zu Globalgrößen)

aggregative index aggregierter Index, Generalindex (G: → relative)

agreed wage rates Tariflöhne (-lohnsätze)

aid-tying Bindung der Entwicklungshilfe, Entwicklungshilfe unter Auflagen (vgl. procurement tying; vgl. project tying)

algorithm Algorithmus (durch Regeln festgelegter Rechnungsgang / MAT)

alienation Entfremdung (Marx)

allocation Allokation, Verteilung (bes. von Produktionsfaktoren auf verschiedene Verwendungsmöglichkeiten und -orte); Zuweisung, Umlage (Umlegung)

allocation branch Allokationsabteilung (die für die Allokation verantwortliche Abteilung in Musgraves imaginärer Finanzverwaltung)

allocative efficiency allokative Effizienz (Leistungsgrad einer Wirtschaftseinheit in der Verteilung der Produktionsfaktoren auf alternative Verwendungszwecke)

allowance 1) ausgesetzte Summe (Monatsgeld, Rente . . .) 2) Zuschuß, geldl. Zuwendung, Beihilfe 3) Rabatt, Preisnachlaß 4) Steuerfreibetrag, Absetzung, Abschreibung (-squote)

amalgamation Fusion, Verschmelzung (bes. durch Neugründung)

amortisation 1) Schuldentilgung 2) Abschreibung (bes. von immateriellen Vermögenswerten) 3) vorzeitige Abschreibung

announcement effect „Ankündigungseffekt" (Signalwirkung der Ankündigung staatlicher Maßnahmen – z.B. Steuern, Ausgaben – für die wirtschaftl. Dispositionen von Wirtschaftssubjekten)

annual accounts Jahresabschluß (BU)

annualise (vb) auf Jahresbasis umrechnen

annual rate Jahresbasis (Ergebnis der Umrechnung einer auf einen kürzeren Zeitraum bezogenen Größe auf ein Jahr)

anticipation survey Erhebung von Erwartungswerten und Planungsdaten (für konjunkturprognostische Zwecke), Konjunkturtest

anticipation term Ausdruck für eine Erwartungsgröße, Erwartungsvariable, Erwartungswert, Ex-ante-Größe (MAT)

anticipatory data Erwartungs-, Planungsdaten (-größen), Ex-ante-Größen

anti-trust legislation (Am) Antitrustgesetzgebung, -recht (gegen kartellartige und allg.wettbewerbshemmende Unternehmenszusammenschlüsse und Vereinbarungen)

APC → average propensity to consume

appreciate (vb) 1) wertschätzen 2) verstehen, einsehen 3) im Wert zunehmen, steigen

appreciation 1) Wertschätzung, Verständnis 2) Wertzunahme, -steigerung, (Wechsel-)Kurserhöhung (bes. bei freien Wechselkursen/bei festen K. Erhöhungen innerhalb der Bandbreite) 3) (gelegentl.) (formelle) Aufwertung einer Währung

approach (sb) (Theorie-)Ansatz, Methode, Verfahren, Prinzip; Rechnungsart (VGR)

approach (vb) sich nähern, gehen gegen (MAT)

appropriation 1) Aneignung, Inbesitznahme 2) (parlamentarische) Bewilligung, Bereitstellung von Mitteln, (für bestimmte Verwendungszwecke) bereitgestellte Mittel (bes. MZ) 3) Bestimmung, Verwendung, Gewinnverwendung

appropriation account (Br) Gewinnverwendungsrechnung (BU)

approximation Nährungswert, -verfahren

APS → average propensity to save

arbitrage Arbitrage (Geschäfte, die den gleichzeitigen Preisunterschied zwischen verschied. Märkten zum Gegenstand der Gewinnerzielung machen)

arbitration Schiedsgerichtsverfahren bei handelsrechtlichen Streitigkeiten, Schlichtung (-sverfahren) bei arbeitsrechtlichen Konflikten (formelles Verfahren, das im Gegensatz zu → conciliation zu rechtskräftigen Urteilen führt)

arc elasticity Bogenelastizität (auf der Grundlage endlicher Änderungen der relevanten Variablen – z.B. Preis / Nachfrage – berechnete Elastizität, die Durchschnittswerte für den durch diese Änderungen definierten Kurvenabschnitt erbringt / G: → point elasticity)

argument (of a function) Argument, unabhängige Variable (einer Funktion)

arithmetic mean arithmetisches Mittel

arithmetic progression 1) arithmetische Folge (MAT) 2) lineares Wachstum

array (statistische) Reihe, Anordnung (von Datenelementen), Frequenzreihe

ask (-ed) price Briefkurs

assets Aktiva, Vermögenswerte, Vermögen

assignment 1) Zuweisung, Zuteilung 2) Aufgabe (-ngebiet) 3) (Vermögens-) Übertragung 4) Zession (Forderungsabtretung)

atomistic competition 1) (genaue Verwendung) atomistische Konkurrenz, polypolistische K. (alle Marktformen mit vielen Anbietern, daher → perfect competition und → monopolistic c.) 2) (ungenaue Verwendung) vollständige Konkurrenz (nur → perfect competition)

audit (sb) (Rechnungs-, Buch-)Prüfung, Revision

auditor Buchprüfer, Revisor, Wirtschaftsprüfer

austerity rigorose Sparmaßnahmen, drastische wirtschaftliche Einschränkungen, spartanisches Sparprogramm

autarky Autarkie (Selbstversorgung einer Wirtschaftseinheit − bes. einer Volkswirtschaft − mit einem bestimmten Gut bzw. mit allen Gütern ihres Bedarfs)

authorised capital „autorisiertes" Kapital (Grundkapital + eventuell „genehmigtes" Kapital einer AG)

authority Behörde, Verwaltungseinheit, halbamtliche Planungsstelle

autocorrelation Autokorrelation (Abhängigkeit der Störvariablen in einem System voneinander)

automatic stabiliser automatischer Stabilisator (→ built-in st.)

autonomous investment autonome, einkommensunabhängige Investition (vgl. → exogenous)

autonomous movement (→ autonomous transaction)

autonomous transaction autonome (d.h. nicht durch die Zahlungsbilanzmechanik hervorgerufene) Transaktion (z.B. Export, Import, Schenkungen)

autonomous variable autonome Variable, exogene V., unabhängige V.

average (sb) 1) Mittelwert (STAT) 2) Durchschnitt (arithm. Mittel) 3) Index

average cost Durchschnittskosten, Stückk. (Gesamtkosten geteilt durch die Anzahl der Leistungseinheiten)

average propensity to consume durchschnittliche Konsumquote (Verhältnis des Konsums zum Volkseinkommen)

average propensity to export durchschnittliche Exportquote (Verhältnis der Exporte zum Volkseinkommen)

average propensity to import durchschnittliche Importquote (Verhältnis der Importe zum Volkseinkommen)

average propensity to save durchschnittliche Sparquote (Verhältnis des Sparens zum Volkseinkommen)

B

backward-bending demand curve anormale Nachfragekurve, a. Preisabsatzkurve (N. mit positivem Steigungsbereich, d.h. Erhöhung der nachgefragten Menge bei steigendem Preis / → Giffen paradox)

backward country Entwicklungsland

backward linkage Verflechtung (eines Sektors) mit den Liefersektoren, d.h. mit den vorgelagerten Wirtschaftszweigen (IN/OUT)

bads negative Güter

balance (sb) 1) Gleichgewicht, Ausgeglichenheit 2) Saldo, Kontostand, Guthaben 3) Restbetrag, Rest 4) Rechnungsabschluß

balanced budget ausgeglichenes Budget

balanced budget multiplier Multiplikator eines „ausgeglichenen Budgets", Haavelmo-Multiplikator (Meßzahl, die angibt, das Wievielfache einer autonomen Änderung in den Staatsausgaben f. Güter und Dienste die dadurch induzierte Änderung im Volkseinkommen beträgt, wenn die Änderung in den Staatsausgaben durch eine gleich hohe Änderung im Steueraufkommen ausgeglichen wird)

balance of payments 1) Zahlungsbilanz 2) Zahlungsbilanzsaldo 3) Zahlungsbilanzgleichgewicht

balance of payments on capital account → capital account 1)

balance of payments on current account → current account 2)

balance of trade 1) Handelsbilanz 2) Handelsbilanzsaldo

balance sheet (Firmen-)Bilanz

balancing item Ausgleichsposten; statistische Differenz (ZB)

bancor Bancor (von Keynes vorgeschlagene internationale Währung für den Zahlungsausgleich der Zentralbanken)

bandwagon effect Mitläufer-Effekt, Bandwagon-Effekt, externer Konsumeffekt (Zunahme der Nachfrage nach einem Gut bei einem Haushalt, wenn auch andere Haushalte das Gut konsumieren)

bank of issue Notenbank (Zentralbank)

bank rate Bankrate (Zinssatz der Zentralbank für Rediskont bzw. Lombardkredite an die Geschäftsbanken bzw. den Geldmarkt mit der Funktion eines Mindest- und Strafzinssatzes, eines Leitzinssatzes mit Signalwirkung für die Marktzinssätze)

bar (sb) Querstrich (z.B. $\bar{C}$ = C bar / barred = C Querstrich)

bar chart 1) Histogramm, Säulendiagramm 2) Balkendiagramm (Ablaufplanung)

bargain (sb) 1) Geschäft, (Börsen-)Abschluß, Transaktion 2) günstiges Geschäft, Gelegenheitskauf, günstiges Kaufobjekt, Sonderangebot 3) Vertrag, Abmachung

bargain (vb) 1) handeln, feilschen 2) verhandeln, aushandeln, vereinbaren

bargaining 1) Aushandeln, Verhandlungen 2) Austauschverfahren

bargaining path Folge angebotener Preise im Austauschverfahren

barred variable Variable mit Querstrich

barter Tauschhandel; Kompensationsgeschäft(e)

barter economy Tauschwirtschaft, Naturalwirtschaft

base activity Wirtschaftstätigkeit des → basic sector

base analysis Exportbasisanalyse (vgl. economic base)

base component Exportbasisanteil (prozentueller Anteil der → economic base an der regionalen Wirtschaftstätigkeit bzw. dem regionalen Einkommen oder Produkt)

base employment → basic employment

base multiplier Exportbasismultiplikator (Meßzahl, die angibt, das Wievielfache einer autonomen Änderung der Exporte einer Region die dadurch induzierte Änderung im regionalen Einkommen beträgt / reziproker Wert der → economic base ratio / vgl. multiplier)

base period prices Preise der Basisperiode, „konstante Preise"

base rate (Br) → prime rate

base theory Exportbasistheorie (vgl. economic base)

basic balance Grundbilanz (Leistungsbilanz + unentgeltl. Leistungen + langfristiger Kapitalverkehr)

basic employment die Fernbedarfstätigen (die im → basic sector Beschäftigten)

basic income Exportbasis (-einkommen) (durch die → economic base generiertes Einkommen)

basic industry 1) Grund(stoff)industrie 2) Wirtschaftszweig, der zur → economic base gehört basics 1) grundlegende Faktoren, Elemente 2) für den Fernbedarf tätige Wirtschaftszweige (→ economic base) 3) Basis (die Menge der Basisvariablen im Simplexverfahren / vgl. basic variable)

basic sector Exportbasissektor, Grundleistungssektor (die zur → economic base zählenden Wirtschaftszweige)

basic variable Basisvariable (eine nicht Null gesetzte und aus den Gleichungen berechenbare Variable im Simplexverfahren / vgl. simplex method / LINPLAN)

basing point system Frachtparitäts-, Frachtbasissystem (Kalkulation der Frachtkosten von einem imputierten Ort)

B/E → bill of exchange

bear Baissier (Börse)

bearer bond Inhaber(staats)schuldverschreibung

bear market Baisse (an der Börse)

„before trade" vor Aufnahme der Außenhandelsbeziehungen (Theorie der komparativen Kosten)

beggar-my-neighbour policy (Außen-) Wirtschaftspolitik auf Kosten des Auslandes (meist beschäftigungspolitisch motivierte Importsubstitution durch Zollerhöhung, Abwertung usw.)

beginning inventory Anfangs(lager)bestand

behavioural equation Verhaltensgleichung (Gl., die das Verhalten von Wirtschaftssubjekten – z.B. ihre Reaktion auf Preisänderungen – in einem Modell erfaßt / G: → definitional equation)

bell-shaped curve Glockenkurve, glockenförmige Kurve (STAT / Normalverteilung)

benefit Vorteil, Ertrag, Nutzen; (Versicherungs-)Leistung

benefit approach → benefit principle

benefit principle Äquivalenzprinzip, Vorteilsp., Nutzenp. (Grundsatz der Bemessung von öffentl. Abgaben nach dem Nutzen, den Wirtschaftssubjekte aus Staatsleistungen ziehen / Steuer = Preis für Staatsleistungen)

bias Bias, Verzerrung (Eigenschaft einer Schätzfunktion zu unter- oder überschätzen)

biased estimator verzerrende Schätzfunktion, v. Schätzer, v. Schätzgröße (STAT)

biased sample (STAT) verzerrte, einseitige Stichprobe

bid (vb) bieten, ein Gebot abgeben, anbieten

bid (sb) Gebot (bei Auktionen), Angebot (bes. bei Ausschreibungen)

bid price Geldpreis, -kurs; Rücknahmekurs (z.B. von Investmentzertifikaten)

bill of exchange Wechsel

birth rate Geburtenziffer (Lebendgeborene je 1000 der durchschnittlichen Bevölkerung)

biunique eineindeutig, bi-unique (MAT)

blackleg Streikbrecher

blocked account gesperrtes Konto

blow up hochrechnen (STAT)

blue-coller worker (am) (manueller) Arbeiter

board of directors Führungsgremium der angelsächsischen Aktiengesellschaften etwa mit der Funktion des Aufsichtsrates, dem aber auch die „executive directors" – die Spitzenmanager der Gesellschaft (also etwa unsere Vorstandsmitglieder) – angehören

boardroom participation Mitbestimmung auf der Unternehmensebene (etwa im Aufsichtsrat)

bond 1) (Br) Staatsschuldverschreibung 2) (Am) jede Art von Schuldverschreibung oder Obligation 3) Kautions(versicherung), Garantie 4) gesiegeltes Leistungs- oder Zahlungsversprechen 5) Versicherungsfonds(zertifikat)

borrowed capital Fremdkapital

borrower Kreditnehmer

borrowing Kreditaufnahme

borrowing rate Habenzinssatz

bottleneck (Versorgungs-)Engpaß

bottleneck inflation „Engpaßinflation" (durch sektorale Übernachfrage bzw. s. Unterangebot induzierte Inflation)

bottom stop Untergrenze, Inflexibilität nach unten hin, Sperr- bzw. Einklinkeffekt

bounded begrenzt (durch eine Linie)

bowed out konvex(Kurve)

box diagram Schachteldiagramm, Kastendiagramm

bracket Stufe, stat. Klasse (-nintervall)

brain drain Akademikerflucht (Abwanderung von akademisch ausgebildeten Fachkräften ins Ausland)

branch 1) Filiale, Zweigniederlassung 2) Abteilung, Sparte (bes. in Zusammensetzungen) 3) (Kurven-)Ast

branching and bounding „Branching and Bounding"-Verfahren (Entscheidungsbaumverfahren zur Lösung von Optimierungsproblemen / OR)

brand 1) (Handels-, Schutz-)Marke, Warenzeichen 2) Markenartikel 3) Sorte, Klasse

branded product Markenartikel

breakdown (sb) 1) Zusammenbruch, Panne 2) Aufschlüsselung, Aufgliederung (von Globalwerten) (ST)

break down (vb) 1) zusammenbrechen, eine Panne haben 2) aufschlüsseln, aufgliedern (Globalwerte) (ST)

break even (vb) ohne Gewinn und ohne Verlust abschneiden, gerade kostendeckend geschäftlich tätig sein

break-even point Nutzschwelle, Gewinnschwelle, Gewinnpunkt, Betriebsoptimum (fixe und proportionale Kosten = Gesamtumsatz)

broker Makler

budget 1) Haushaltsplan, Budget 2) gegebene Kostensumme, Ausgabensumme

budget constraint Budgetbeschränkung (vorgegebene Gesamtausgabenhöhe bei einem Maximierungsproblem)

budget for (vb) im Budget einbauen, i.B. einplanen

budget line Budgetlinie, Bilanzgerade (des Haushalts) (geometr. Ort aller Mengenkombinationen zweier Güter, die ein Haushalt bei vollständiger Verwendung einer bestimmten Ausgabensumme bei gegebenen Preisen erreichen kann)

buffer stock Pufferlager, Ausgleichslager (zur Stabilisierung von Rohstoffpreisen durch Offenmarktoperationen)

budget surface Bilanzebene (geom. Ort aller Mengenkombinationen von drei Gütern bei gegebener, gleichbleibender Gesamtausgabensumme)

building and loan association → saving and loan association

building society (Br) (Wohn-)Baufinanzierungsgenossenschaft (in mancher Hinsicht den Bausparkassen vergleichbar)

built-in flexibility „eingebaute Flexibilität" (antizyklische Automatik gewisser Elemente der öffentlichen Finanzwirtschaft / z.B. einer progressiven Steuer)

built-in obsolescence geplantes Veralten (bes. bei Konsumgütern durch absichtlich schlechtere Qualität / → planned obsolescence)

built-in stabiliser „automatischer Stabilisator" (automatisch antizyklisch wirkendes Element der öffentlichen Finanzwirtschaft)

bull Haussier (Börse)

bullion (ungemünztes) Edelmetall, Edelmetallbarren (bes. Gold und Silber)

bull market Hausse (Börse)

business accounting betriebliches Rechnungswesen

business barometer Konjunktur-, Wirtschaftsbarometer (Generalindex verschiedener Zeitreihen zur Darstellung bzw. Prognose der gesamtwirtschaftl. Entwicklung / heute oft als prognostisches Mehrkurvenbild, das neben der Erfassung der Gesamtbewegung auch einen Vergleich der einzelnen Zeitreihen ermöglicht)

business cycle Konjunkturzyklus

business-cycle indicator Konjunkturindikator

business finance betriebliche Finanzierung

business investment Investitionen der Unternehmen

business opinion poll Unternehmerbefragung, (etwa) Konjunkturtest (Methode der Wirtschaftsbeobachtung)

buyers' market Käufermarkt (Marktsituation sinkender Preise, die den Käufern einen Konkurrenzvorteil bietet / G: → sellers' market)

buyer's surplus Konsumentenrente (→ consumer rent)

bygones Vergangenheit, das Vergangene (vor allem die unwiederbringlich verlorenen Werteinsätze, die bei wirtschaftl. Überlegungen ausgeklammert werden)

by-product Nebenprodukt

C

C → consumption

calculus (bes. Infinitesimal-) Rechnung

Cambridge-k Kassenhaltungskoeffizient (reziproker Wert der → transactions velocity)

cancel 1) stornieren 2) kürzen, sich aufheben (MAT)

capacity effect Kapazitätseffekt, Wachstumseffekt (Ausweitung der Kapazität- des Angebotsvolumens- auf Grund von Nettoinvestitionen / z.B. im Multiplikatorprozeß)

capacity output Vollbeschäftigungsausstoß

capacity utilisation Kapazitätsauslastung, Grad der K.

capacity working volle Kapazitätsauslastung

capital account 1) Kapital(verkehrs)bilanz (ZB) 2) Kapitalkonto (BU)

capital allowance (Br) Absetzung für Abnutzung (AFA) (steuerrechtl. Abschreibquote für Investitionsgüter)

capital appropriations (von der Unternehmensleitung) für Anlageinvestitionen bewilligte und bereitgestellte Mittel (Konjunkturindikator)

capital commitments vertraglich gebundene jedoch noch nicht ausbezahlte Mittel für Investitionen

capital consumption Kapitalverzehr, -verschleiß, Abschreibung (VGR)

capital controls Kapitalverkehrsbeschränkungen (bes. zur Verminderung des Kapitalabflusses)

capital deepening Kapitalvertiefung (Vergrößerung des Kapitalstocks bei gleichzeitiger Erhöhung der Kapitalintensität)

capital expenditure Investitionen, Investitionsaufwand

capital flow (oft: grenzüberschreitende-r) Kapitalbewegung, Kapitalstrom, monetäre Übertragung

capital formation Vermögensbildung, Vermögensänderung, Investition (VGR / Anlageinvestitionen – d.h. Bauten und Ausrüstung – plus Lagerbewegung)

capital gains (realisierter) Wertzuwachs, Kapitalgewinn, Kursgewinn (Differenz zwischen Kauf- und Veräußerungspreis von Vermögenswerten – Aktien, Realitäten)

capital gains tax Wertzuwachssteuer (Steuerobjekt → capital gains)

capital gearing → debt-equity ratio

capital goods Investitionsgüter, Kapitalg.

capitalisation 1) Kapitalisierung (Umrechnung einer laufenden Zahlung auf den gegenwärtigen Kapitalwert) 2) Kapitalstruktur, Kapitalausstattung (eines Unternehmens)

capital-output ratio Kapitalkoeffizient (Kapitalbestand : Nettowert der Produktion einer Periode)

capital recapture rate Kapitalrückflußrate (derjenige jährliche Nettomehreinnahmenbetrag aus einer Investition, der – über die Lebensdauer kumuliert – dem ursprüngl. Investitionsbetrag gleichkommt)

capital recovery rate Kapitalrückflußrate (→ capital recapture rate) capital spending Investitionen, Investitionsaufwand

capital's share Profitquote (Anteil der Gewinne am Volkseinkommen)

capital stock 1) Kapitalstock, Realkapitalbestand, Produktionsmittelbestand (einer Volkswirtschaft) 2) (Am) Aktienkapital, Grundkapital (einer Kapitalgesellschaft)

capital transactions vermögenswirksame Vorgänge, v. Transaktionen

capital transfer tax (Br) „Vermögensübertragungssteuer", „kombinierte Schenkungs- und Nachlaßsteuer" (1975 eingeführte Art einer Vermögensverkehrssteuer auf Übertragungen bes. in der Form von Schenkungen oder Erbschaften)

capital widening Kapitalerweiterung, -ausweitung (Ausweitung des Kapitalstocks bei Beibehaltung der Kapitalintensität, d.h. bei einer proportionalen Ausweitung des Faktors Arbeit)

captive 1) Monopol . . . 2) nur für den Eigenbedarf produzierend 3) betriebseigen

captive market Monopolmarkt (d.h. ein von einem Monopolisten beherrschter Markt)

captive shop betriebseigenes Geschäft

cardinal utility kardinaler Nutzen (d.h. mit Hilfe von absoluten Abstandseinheiten meßbarer Nutzen)

Cartesian product Mengenprodukt (Mengenlehre)

cascade tax kumulative Mehrphasen (Allphasen)-Umsatzsteuer

cash balances Kassenhaltung, Geldhaltung (aus geschäftlichen, spekulativen oder Vorsichtsmotiven von Wirtschaftssubjekten gehaltenen Zahlungsmittelmengen / Liquiditätstheorie)

cash balances theory Kassenhaltungstheorie (bes. von der Cambridge Schule entwickelte Quantitätstheorie, deren unterscheidendes Merkmal die Verwendung des → Cambridge-k in der Verkehrsgleichung ist)

cash base monetäre Basis (→ monetary base)

cash basis pagatorisches Prinzip (BU / G: accrual basis)

cash ratio Barreservesatz (Einlagen : Barreserve / Bankliquidität 1. Ordnung der englischen Geschäftsbanken bis 1971)

cash transactions velocity → transactions velocity

CD → certificate of deposit

CDF → Cobb-Douglas function

ceiling Höchstgrenze, Plafond, Höchst- ...

ceiling controls Plafondierung (z.B. bei Bankkrediten)

ceiling of the economy Kapazitätsgrenze der Volkswirtschaft (= Vollbeschäftigungsausstoß)

ceiling price (amtl.) Höchstpreis

cell Zelle, Element (einer Matrix), Besetzungshäufigkeit (MAT)

census (Voll)Erhebung; Volkszählung

census of distribution Handelszählung, Handelszensus (Vollerhebung im Bereich des Einzel- und Großhandels zur Erfassung einer großen Anzahl von stat. Daten: Anzahl der Betriebe, Unternehmen, Umsatz etc.)

census of production Zensus des produzierenden Gewerbes, Industriezensus (Vollerhebung im Bereich Produktion zur Erfassung einer großen Anzahl von stat. Daten: Anzahl der Betriebe, Unternehmen, Rechtsform, Produktionswert etc.)

certificate of deposit (etwa) Kassenobligation (begebbare, kurzfristige Bankschuldverschreibung mit hohem Nominale)

CES-(production)-function CES Produktionsfunktion („CES" = „constant elasticity of substitution" / → Cobb-Douglas function)

chance variable stochastische Variable, Zufallsvariable

charge (sb) 1) Preis, in Rechnung gestellter Betrag, (MZ) Kosten, Spesen 2) Gebühr, Abgabe, steuerliche Belastung 3) (Vermögens-, Grundstücks-)

Belastung 4) buchhalterische Belastung, Gegenposten

charge (vb) berechnen, in Rechnung stellen, belasten, auferlegen (Steuer)

charity market „Wohltätigkeitsmarkt" (das Insgesamt von unentgeltlichen Wertübertragungen im Rahmen privater oder organisierter Wohltätigkeit interpretiert als Quasimarkt neben den Märkten für private und öffentliche Güter)

cheap money Politik des billigen Geldes, Niedrigzinspolitik

check 1) Überprüfung, Kontrolle, 2) Hemmnis, Hindernis 3) (Am) Scheck

check (vb) 1) überprüfen, vergleichen, kollationieren 2) hemmen, hindern, aufhalten 3) (Am) durch Scheck (über Guthaben) verfügen

checking account (Am) Scheckkonto

checking deposits (Am) Buchgeld, Giralgeld (→ deposit money)

circuit velocity → velocity of circulation

circular flow of money Geldkreislauf

circular flow of the economy Wirtschaftskreislauf

circular chart Kreisdiagramm

circular velocity (of money) → income velocity

circulating capital Umlaufvermögen (BU)

clawback Besteuerung von, fiskalische Abschöpfung bei staatlichen Wohlfahrtsleistungen

clean float sauberes Floaten (ohne heimliche Intervention der Zentralbank / vgl. float)

clearing Clearing, Clearingverkehr, Verrechnungs- bzw. Abrechnungsverfahren (für gegenseitige Forderungen / bes. im Bankwesen, Börsenwesen und Außenhandel)

closed economy geschlossene Volkswirtschaft (ohne außenwirtschaftliche Beziehungen)

closed economy multiplier „Multiplikator einer geschlossenen Volks- bzw. Regionalwirtschaft" (M., der — selbst wenn er von einer autonomen Ände-

rung der Exporte ausgeht — die außenwirtschaftliche Verflechtung — Importquote, internationale Rückwirkungen — nicht berücksichtigt / z.B. → investment multiplier; → base multiplier)

closed loop Rückkoppelung (-sschleife), Rückkoppelungssystem (z.B. in einem makroök. Modell)

closed shop gewerkschaftspflichtiger Betrieb

closing inventory Schluß(lager)bestand

Cobb-Douglas function Cobb-Douglas Funktion (makroökonomische Produktionsfunktion mit konstanter Faktorsubstitutionselastizität / vgl. elasticity of substitution)

cobweb chart Spinnwebdiagramm (→ cobweb theorem)

cobweb theorem Spinnweb-Theorem (eine nach der graphischen — spinnwebähnlichen — Darstellung benannte Theorie zur Erklärung konvergenter oder explosiver Preis- und Mengenbewegungen, die auf verzögerter Anpassung beruhen / dynamische Markttheorie)

codetermination Bezeichnung für die (kontinentale Form der) Arbeitermitbestimmung

coefficient of acceleration Akzelerator (→ accelerator)

coefficient of determination Determinationskoeffizient (Quadrat des → correlation coefficient/r^2)

coincident indicator synchroner Indikator (volkswirtschaftliche Kennzahl, die sich synchron — also ohne Zeitvorsprung oder Verzögerung — mit der Konjunkturlage ändert / G: → leading indicator; → lagging i.)

coincidents → coincident indicators

collateral (sb) (zusätzliche) Besicherung für Kredite (vor allem in der Form von beweglichen persönlichen Vermögenswerten, wie Wertpapieren, Waren) collateral loan (zusätzlich) besicherter Kredit (bes. in der Form eines Lombardkredites / vgl. collateral sb)

collateral security → collateral sb

collection 1) Sammlung 2) Abholung 3) Inkasso, Erhebung (ST)

collective agreement Kollektivvertrag, Tarifvertrag

collective bargaining Kollektivvertrags-, Tarifverhandlungen (zw. Arbeitgeber-n und Gewerkschaften)

collinearity Kollinearität (das Bestehen einer signifikanten Korrelation zwischen den unabhängigen Variablen eines Regressionsmodelles)

collusion (vorherige) Absprache; Verdunkelung (juristisch)

collusive tendering vorher abgesprochene Angebotslegung bei einer Ausschreibung

column Spalte (Matrizenrechnung)

column vector Spaltenvektor (vgl. vector)

combination Verbindung, Vereinigung; Interessenszusammenschluß, Konzern; Kartell

combination in restraint of trade wettbewerbshemmender Zusammenschluß; Kartell

command economy Zentralverwaltungswirtschaft

commercial paper (Am) 1) „Industriewechsel" (Geldmarktobjekte in der Form von auf große Beträge lautenden, von privaten Firmen ausgestellten Solawechseln) 2) „Handelspapiere"(Übergriff für Wechsel und Scheck)

commodity agreement Rohstoffabkommen (Sammelbegriff für Abkommen zwischen Rohstoffproduzenten bzw. zwischen Produzenten und Konsumenten zur Stabilisierung der Rohstoffpreise bzw. der Einnahmen der Rohstoffländer durch Kontingente, Pufferlager, Lieferverträge etc.)

commodity futures Warenterminkontrakte, -geschäfte (→ futures)

commodity market Warenbörse, Warenmarkt (im Sinne der Warenbörse)

commodity money Warengeld (Geld, dessen Nennwert seinem Substanzwert als Ware entspricht)

commodity pattern Warenstruktur (Außenhandel)

common denominator gemeinsamer Nenner (MAT)

common pricing gemeinsame Preispolitik von Konkurrenzunternehmen auf Grund von Absprachen

common stock (Am) Stammaktien (-kapital)

community indifferenc curve volkswirtschaftliche Indifferenzkurve, gesellschaftliche I. (→ social i.)

comparative costs komparative Kosten (Kostenbegriff der Außenwirtschaftstheorie / Ricardo)

comparative static equilibrium analysis → comparative statics

comparative statics komparative Statik, komparativ statische Analyse (wirtschaftstheoretische Analyse, die auf dem Vergleich zweier oder mehrerer − zeitlich getrennter − Zustände eines Systems beruht)

compensating item Ausgleichsposten (ZB / → accommodating movements)

compensatory finance kompensatorische Finanzpolitik (→ compensatory fiscal policy)

compensatory fiscal policy kompensatorische Finanzpolitik (d.h. auf den Ausgleich konjunktureller Schwankungen hin ausgerichtete F.)

competitive depreciation konkurrenzmotivierte Abwertung

competitive devaluation konkurrenzmotivierte Abwertung

complement (sb) 1) komplementäres Gut (→ complementary good) 2) Komplement, Komplementmenge (d.K. einer Teilmenge $A \in M$ in bezug auf die Menge m ist die Menge $M - A$)

complementary good komplementäres Gut (G., dessen Verwendung zwangsläufig die Verwendung eines anderen Gutes bedingt / z.B. Auto-Benzin)

composite flow Gesamtleistung (private
und öffentliche Kapitalbewegungen
in die Entwicklungsländer)

compositional fallacy Aggregierungstrug-
schluß (Trugschluß, daß mikroökono-
misch sinnvolle Verhaltensweisen
auch auf der aggregierten Makroebe-
ne sinnvoll sein müßten)

compound interest Zinseszinsen

compound multiplier Supermultiplikator, zusammengesetzter M. (in bezug
auf das Volkseinkommen / der S. er-
weitert die Annahmen des einfachen
M. durch Einführung von induzierten
Investitionen / vgl. multiplier)

concentration ratio Konzentrationsmaß,
-koeffizient (z.B. Maßzahl zur Darstellung des Konzentrationsgrades in
einem Wirtschaftszweig)

concessionary element → grant element

conciliation Vermittlung (-sverfahren)
bei arbeitsrechtlichen Konflikten,
Schlichtung (-sverfahren) bei handelsrechtlichen Konflikten (informeller
Versuch, zu einer Einigung zu gelan-
gen / G: → arbitration)

confidence interval Vertrauensbereich,
-intervall (STAT / Intervallschätzung)

confidence limit Vertrauensgrenze
(obere oder untere Begrenzung des
Vertrauensintervalls / STAT / Intervallschätzung)

conglomerate (sb) Konglomeratskonzern,
Mischkonzern, diversifizierter Großkonzern

conscious parellelism abgestimmtes wirtschaftliches Verhalten von konkurrierenden Wirtschaftssubjekten auf
Grund informeller, unverbindlicher
Absprachen

consolidate (vb) konsolidieren, zusammenlegen, verschmelzen, aggregieren

consolidated accounts 1) konsolidierter
Konzernabschluß (Zusammenfassung
von Einzelabschlüssen von Konzern-
unternehmungen) 2) aggregierte
(volkswirtschaftliche) Gesamtrechnung (die z.B. den interregionalen
Wirtschaftsverkehr nicht ausweist)

consolidated balance sheet konsolidierte
(Konzern)bilanz (→ consolidated
accounts 1))

consolidation 1) Konsolidierung (Stabilisierung) 2) Konsolidierung (Zusam-
menziehung von mehreren Anleihen)
3) Zusammenlegung, Aggregation
(vgl. consolidated accounts etc.)

conspicuous consumption Geltungskon-
sum (externer Konsumeffekt)

constant capital (Marx) konstantes Kapital (Produktionskapitalbestand)

constant elasticity of substitution konstante Substitutionselastizität (vgl.
elasticity of substitution)

constant proportion expansion path
Expansionspfad mit konstanten Fak-
torproportionen (→ expansion path)

constant returns to scale konstante Skalenerträge, konstantes Niveaugrenzprodukt (→ returns to scale)

constant sum game Festsummenspiel
(SPT)

constrained maxima Maxima unter Ne-
benbedingungen (Restriktionen), be-
dingte Maxima

constraint Grenzbedingung, Einschrän-
kung, Randbedingung

consumer goods Konsumgüter

consumerism 1) Konsumentenschutzbe-
wegung 2) konsumorientierte Einstellung, k. Geisteshaltung

consumer price index (Am) Lebenshaltungs-Preisindex, Index der Verbraucherpreise

consumer('s) rent Konsumentenrente
(Differenz zwischen Nachfragepreis,
den ein Käufer höchstens zu zahlen
gewillt ist, und tatsächlichem Marktpreis mal der nachgefragten Menge)

consumer(s') sovereignty Konsumenten-
souveränität (Situation, in der der
Letztverbraucher durch seine Kauf-
entscheidungen weitgehend den Pro-
duktionssektor steuert)

consumer('s) surplus → consumer rent

consumption Konsum, Verbrauch

consumption function Konsumfunktion
(Abhängigkeit des individuellen Ver-

brauchs vom individuellen Einkommen, bzw. des makroökonomischen Verbrauchs vom Volkseinkommen)

consumption line Konsumlinie, Verbrauchsgerade, -kurve (geom. Ort aller Berührungspunkte einer gegebenen Indifferenzkurvenschar für zwei Güter und mehreren Budgetgeraden)

consumption possibility line Bilanzgerade, Budgetgerade (→ budget line)

consumption schedule Konsumtabelle, -kurve, -funktion (→ consumption function)

consumption surface Verbrauchs-, Konsumebene (geometrischer Ort aller Mengenkombinationen zweier Güter, die ein Haushalt innerhalb eines Gesamtausgabenrahmens – also auch bei nur teilweiser Verwendung der Mittel – bei gegebenen Preisen erreichen kann / vgl. budget line)

consumption term (Ausdruck für die) Konsumvariable

content (sb) Gehalt, perzentueller Anteil

contingency 1) Zufälligkeit, Abhängigkeit vom Zufall 2) unvorhergesehenes Ereignis, Eventualität 3) (bes. MZ) unvorhergesehene Ausgaben, Eventualverbindlichkeiten 4) Kontingenz (STAT / Verbundenheit zwischen zwei artmäßigen Merkmalen einer statistischen Masse)

contingency table Kontingenztafel (vgl. contingency 4))

continuous variable stetige Variable (V., deren Definitionsbereich unendlich teilbar ist und deren Wert jede reale Zahl innerhalb des Bereichs sein kann)

contour line Isolinie, -kurve (geom. Ort sämtl. Variablenkombinationen, die denselben Wert ergeben)

contract curve Kontraktkurve (geom. Ort aller für zwei Partner optimalen Güterkombinationen, die durch freien Tausch erreicht werden)

contractual income kontraktbestimmtes Einkommen (Löhne, Zinsen usw. / G: → residual income)

contribution 1) Beitrag (z.B. zur Sozialversicherung) 2) Deckungsbeitrag (Differenz zwischen Erlös und direkten Kosten)

control (sb) 1) Lenkung, Leitung, Steuerung 2) Bewirtschaftung, Regelung 3) Verfügung (-sgewalt), Einfluß (-bereich), Macht, Beherrschung, Kontrolle

control (vb) 1) lenken, steuern 2) bewirtschaften, regeln, rationieren 3) beherrschen, kontrollieren

controlled prices geregelte Preise

control system (kybernetisches) Steuersystem

co-operative (sb) Genossenschaft

co-operative society Genossenschaft

co-partnership 1) Gewinnbeteiligung; Mitinhaberschaft (der Belegschaft eines Unternehmens) 2) Mitarbeiterunternehmen, -gesellschaft

cornered demand curve → kinked demand curve

corporate zu einer Körperschaft (vor allem zu einer Kapitalgesellschaft) gehörend, die (Groß-)Unternehmen betreffend

corporate bond (Am) Industrieobligation

corporate planning Langfristplanung im Unternehmen

corporate profits Gewinne der Kapitalgesellschaften

corporate savings Ersparnisse der Kapitalgesellschaften

corporation 1) Körperschaft, juristische Person 2) (Br) (inkorporierte) Stadtgemeinde, Gesellschaft der verstaatlichten Industrie 3) (Am) Kapital-, Aktiengesellschaft, Konzern

corporation tax Körperschaftssteuer

correlation Korrelation (wechselseitige Verbundenheit statistischer Wertreihen)

correlation coefficient Korrelationskoeffizient (Maß für die Stärke des Zusammenhangs zwischen Zufallsgrößen / STAT / Korrelationsanalyse)

correlation surface Korrelationsebene (geometrischer Ort einer Korrelation

zwischen drei Wertreihen / vgl. surface; vgl. correlation)

cosine Cosinus (MAT)

cost Kosten, Wert

cost accounting Kostenrechnung

cost-benefit analysis Kosten-Nutzen-
Rechnung (Analyse) (Wirtschaftlich-
keitskalkül bes. für öffentliche Sach-
kapitalinvestitionen, das neben den
traditionellen Kosten und Erträgen
auch externe Effekte und andere
schwer quantifizierbare Größen berücksichtigt)

cost element Kostenbestandteil, Kostenelement

costing Kostenrechnung, Kalkulation

cost of collection Erhebungskosten (ST)

cost of funds Finanzierungskosten

cost-of-living index Lebenshaltungs-
Preisindex, Index der Verbraucher-
preise (frühere Bezeichnung des brit.
„Index of Retail Prices")

cost-of-service principle Äquivalenzprinzip (→ benefit principle)

cost price Selbstkostenpreis, Einstands-
preis

cost-push inflation kosteninduzierte Inflation, Kostendruckinflation

cost ratio Kostenrelation, Produktivität
(Verhältnis von Output zu Input)

costs in the short run kurzfristige Kostenverläufe

cottage industry Heimindustrie

counter-cyclical antizyklisch (gegen den
Konjunkturverlauf, den K. hem-
mend / G: → pro-cyclical)

countervailing power Machtgegenge-
wicht (Herstellung eines akzeptablen
Machtgleichgewichtes in einer Gesellschaft durch ungefähr gleich star-
ke Machtgruppierungen/z.B. Unternehmer – Gewerkschaften)

CPI → consumer price index

crawling floating (System) stufenflexi-
ble(r) Wechselkurse (vgl. crawling
peg)

crawling peg (wörtl.) „kriechender"
Wechselkurs, stufenflexibler Wechselkurs (W., der im Falle eines Zah-

lungsbilanzungleichgewichtes stufen-
weise durch kleine Auf- bzw. Abwer-
tungen, die während einer bestimmten Zeitspanne – meist ein Jahr –
einen Maximalwert nicht überschreiten dürfen, an ein neues Gleichgewicht herangeführt wird)

credit (sb) Kredit, Haben(seite); Guthaben, Gutschrift; Akkreditiv

credit base monetäre Basis (→ monetary
base)

credit creation Kreditschöpfung (Erhöhung der volkswirtschaftl. Kredit-
summe durch private Geldschöpfung,
z.B. Lieferanten- und Bankenkredite)

credit line Kreditrahmen

credit money Kreditgeld (Geld, dessen
Nennwert höher ist als sein Substanzwert als Ware, das daher ein Kredit-
bzw. Forderungselement enthält /
z.B. Scheidemünzen, aber auch das
z.T. durch Geldschöpfung entstande-
ne Giralgeld)

credit multiplier Kreditschöpfungsmultiplikator, Geldschöpfungsm. (in seiner
einfachen Form reziproker Wert des
Bar- bzw. Pflichtliquiditäts- bzw.
Mindestreservesatzes ohne Berücksichtigung der Bargeldquote, in der
verfeinerten Form mit Berücksichtigung der letzteren / BA)

creditor Gläubiger

credit squeeze Kreditrestriktion(en),
Kreditbremse

credit transfer Überweisung (bargeldloser
Zahlungsverkehr)

creeping inflation schleichende Inflation

crisis 1) (allg.) Wirtschaftskrise, Depression 2) Krise, Krisis (im engeren Sinn
der Konjunkturtheorie: oberer Wendepunkt des Zyklus / Übergang von
Prosperität zur Rezession bzw. Depression)

cross-elasticity (of demand) Kreuzelasti-
zität, Kreuzpreiselastizität der Nachfrage, mikroökonomische Substitutionselastizität (→ elasticity of substitution 2))

cross product set Mengenprodukt, Kreuzmenge (Mengenlehre)

cross section Querschnitt

cross-section study Querschnittsstudie, -untersuchung

crowding out Verdrängung (von privaten Nachfragern aus den Finanzmärkten durch einen starken Geld- bzw. Kapitalbedarf der öffentlichen Hand)

crude birthrate (allgemeine) Geburtenziffer (Zahl der Lebendgeborenen eines Jahres je 1000 der durchschnittl. Bevölkerung)

crude deathrate (allgemeine) Sterbeziffer (Zahl der Gestorbenen eines Jahres je 1000 der durchschnittlichen Bevölkerung)

crude quantity theory naive Quantitätstheorie (die ohne Berücksichtigung der Transaktionshäufigkeit einen direkten proportionalen Zusammenhang zwischen Geldmenge und Preisniveau postuliert)

currency snake „Währungsschlange" (bildl. Ausdruck für den Währungsverbund bzw. das Blockfloaten einiger EWG-Länder)

current account 1) Kontokorrent (-konto), Girokonto; laufende Verrechnung, 1. Abrechnung 2) Bilanz der laufenden Posten (ZB / Handelsbilanz + Dienstleistungsbilanz + Übertragungen), (bei manchen Autoren) Leistungsbilanz (Handelsb. + Dienstleistungsbilanz)

current assets Umlaufvermögen (BU)

current money figure Geldgröße in laufenden Preisen, preislich nicht bereinigte (nicht deflationierte) Geldgröße

current ratio Liquiditätskoeffizient, -kennzahl (etwa: Umlaufvermögen durch kurzfristige Verbindlichkeiten)

current transactions laufende (d.h. nicht vermögenswirksame) Vorgänge, Transaktionen

current transfers laufende (d.h. nicht vermögenswirksame) Übertragungen

curvilinear function 1) nicht lineare Funktion 2) gekrümmte Funktion (a) F., bei der ein Kurvenast gekrümmt, der andere gerade ist (b) gekrümmte — jedoch linearisierbare — Funktion)

cusp „Nase", Kurvenendpunkt (lokaler Extremwert, in dem die Kurve eine scharfe Wendung macht, so daß die Steigung auf beiden Seiten absolut gleich ist)

customs drawback Zollrückvergütung

customs union Zollunion (Zusammenschluß zweier oder mehrerer selbständiger Hoheitsgebiete zu einem einheitlichen Zollgebiet mit gemeinsamen Außenzöllen gegen Drittländer)

cycle (Konjunktur-)Zyklus, Konjunktur(-verlauf)

cyclical zyklisch, konjunkturell

cyclical unemployment konjunkturelle Arbeitslosigkeit

cyclical pattern zyklische (Verlaufs-) Struktur

D

D → quantity demanded

damped gedämpft (z.B. einem Gleichgewichtspfad zustrebend / dynamische Analyse)

damped oscillating system gedämpft schwingendes System (→ damped; oscillation)

damped oscillations gedämpfte Schwingungen, g. Oszillationen (einem Gleichgewichtspfad zustrebende Sch. mit immer kleiner werdender Amplitude)

DCF → discounted cash flow

dear money Politik des teuren Geldes, Hochzinspolitik

deathrate Sterbeziffer (vgl.crude deathrate; vgl. refined d.)

death tax Erbschaftssteuer (umfaßt → inheritance tax und estate duty / tax)

debasement Münzverschlechterung
(Wertminderung von Kurrantmünzen
durch Gewichtsminderung, Verringerung des Edelmetallanteils, Münzkip-
pen usw.)

debenture 1) (Br) (jede Art von) Industrieobligation 2) (Am) nicht hypo-
thekarisch besicherte Industrieobligation

debit (sb) Soll, Debet, Belastung (BU)

debit (vb) belasten; im Soll buchen

debt-equity ratio Verhältnis: Fremdkapi-
tal/Eigenkapital, Verschuldungsgrad

debt financing Finanzierung durch Kredite, Fremdfinanzierung

debt instrument schuldrechtliches Wert-
papier

debt investment Veranlagung (von Geld)
in Darlehen und Darlehenspapieren

debt management Staatsschuldenpolitik,
Staatsschuldverwaltung (Gesamtheit
der staatl. Maßnahmen im Zusammenhang mit der Aufnahme, Verwal-
tung, Umschuldung, Tilgung der
Staatsschuld zur Erreichung finanz-,
fiskal-, konjunktur- und wachstums-
politischer Ziele / bes. die Festset-
zung der Zinssätze, Laufzeiten, Emis-
sionsvolumina und -zeitpunkte)

debt money Kreditgeld (→ credit money)

debtor Schuldner; (MZ) Debitoren, Forderungen (aus Warenlieferungen und
Leistungen) (BU)

debt ratio → debt-equity ratio

debt service Schuldendienst, Zinsen- und
Tilgungsdienst (die aus einer Geld-
schuld erwachsenden laufenden Zin-
sen- und Tilgungszahlungen)

decasualisation Überführung von Gele-
genheitsarbeitern in ein geregeltes Ar-
beitsverhältnis

decision lag Entscheidungsverzögerung,
„Reaktionszeit" (1) „inside decision
lag" organisationsinterne Reaktionszeit (Zeitspanne zwischen dem Erkennen der Notwendigkeit einer Maßnahme und dem Beschluß zum Ein-
greifen) (2) „outside d.l." organisa-
tionsexterne Reaktionszeit (Zeitspan-

ne zwischen dem Beginn der Auswirkungen einer Maßnahme und der Ent-
scheidung der betroffenen Wirtschaftssubjekte, ihre Dispositionen zu
ändern)

decision maker (personeller) Entscheidungsträger

decision-making unit (funktioneller) Entscheidungsträger

decision trees Entscheidungsbaumverfahren (auf dem Enumerationsprinzip –
d.h. der Berechnung aller Lösungen
und der Annahme der besten – be-
ruhende Methode zur Lösung von
Optimierungsproblemen / OR)

decomposition Zerlegung, Aufgliederung, Disaggregierung (STAT)

deconsolidated accounts 1) nicht konsolidierter Konzernabschluß 2) (z.B.
regional) disaggregierte Gesamtrechnung (G: → consolidated accounts)

decreasing returns to scale abnehmende
Skalenerträge, abnehmendes Niveaugrenzprodukt (→ returns to scale)

decrement Abnahme, Verminderung

decumulation Dekumulation, Abbau,
(graduelle) Reduzierung

deepening capital → capital deepening

deepening investment → capital deepening

deferred expense aktives Transitorium
(BU)

deferred income passives Transitorium,
p. Transitoria (BU)

deficiency payment 1) Verlustausgleichs-
zahlung (z.B. der Öffentl. Hand an
ein Transportunternehmen) 2) (Br)
„Differenzzahlung" (landwirtschaftl.
Subvention in der Form der Differenz zwischen durchschnittlichem
Marktpreis für ein Produkt und ga-
rantiertem Mindestpreis / wird durch
das Agrarpolitiksystem der EWG er-
setzt)

deficit spending Deficit Spending, Defi-
zitfinanzierung (eine über Budgetde-
fizite finanzierte kompensatorische
Konjunktur- und Beschäftigungspoli-
tik)

definitional equation Definitionsgleichung (Gl., die lediglich eine begriffliche Identität feststellt: z.B. Einkommen = Verbrauch + Sparen)
deflate (vb) 1) restriktive Wirtschaftspolitik betreiben, „bremsen", 2) (nomi-
nelle Geldgrößen) preislich bereinigen
(d.h. durch Ausschaltung der Preiserhöhungen in reale Größen umwandeln)
deflation 1) Deflation (wirtschaftl. Situation, die durch einen Überschuß des
gesamtwirtschaftl. Angebots über die
gesamtwirtschaftl. effektive Nachfrage, durch fallende Preise und damit
durch eine Aufwertung der Geldfor-
derungen gekennzeichnet ist) 2) restriktive Wirtschaftspolitik 3) preisli-
che Bereinigung (von nominellen
Geldgrößen / → deflate 2))
deflationary gap kontraktive Lücke, de-
flatorische L. (Differenz zwischen höherem monetären Angebot und niedrigerer gesamtwirtschaftl. Nachfrage
auf Grund einer Divergenz zwischen
höherem beabsichtigten Sparen und
niedrigerer beabsichtigter Investition)
deflator Deflator, (preislicher) Bereini-
gungsfaktor, „Teuerungsfaktor" (zur
preislichen Bereinigung verwendete
Indexzahl)
deflection of trade currents Ablenkung
von Handelsströmen (z.B. durch eine
Zollunion)
degeneracy Entartung (-sfall) (Auftreten
eines unbestimmten Punktes im n-dimensionalen Raum, d.h. eines Punktes, durch den mehr als n Begrenzun-
gen gehen / LINPLAN)
degree of freedom Freiheitsgrad (STAT)
demand curve Nachfragekurve, -funktion,
Preisabsatzkurve, -funktion (vgl.
demand schedule)
demand deposit Sichtguthaben, - einlage
demand management (wirtschaftspolitische) Steuerung der gesamtwirtschaftlichen Nachfrage
demand-pull inflation nachfrageindu-
zierte Inflation

demand schedule Nachfragetabelle (tabellarische Darstellung des Zusammenhangs zwischen Preis und nachge-
fragter Menge) Nachfrage-, Preisabsatzfunktion
demand shift Nachfrageverschiebung (vgl.
shift in a demand curve)
demonetisation Außerkurssetzung, Aber-
kennung des Geldstatus
denationalisation Reprivatisierung
denomination Wertbezeichnung (z.B.
Nennwert bei Banknoten, Stückelung
bei Aktien und Anleihen)
denominator Nenner (Bruchrechnung)
dependent variable abhängige Variable,
erklärte V.
depletion Substanzverringerung, Er-
schöpfung (z.B. bei Bodenschätzen)
depletion allowance Absetzung für Sub-
stanzminderung (ST)
deposit 1) Einlage (bei einer Bank), ein-
gezahltes Geld 2) (bes. Mehrzahl)
Buchgeld, Giralgeld 3) Depot (hinter-
legte Wertpapiere, hinterlegtes Geld)
4) Hinterlegung, Verwahrung, Aufbe-
wahrung 5) Anzahlung, Kaution
deposit at call (Br) Sichteinlage (verzinsliche S., über die aber nicht durch
Scheck bzw. Überweisung verfügt
werden kann)
deposit at notice (Br) Kündigungsgeld
(Bankeinlage mit vereinbarter Kündigungsfrist)
deposit creation Buchgeldschöpfung, Gi-
ralgeldsch. (vgl. deposit money; vgl.
credit creation)
deposit currency Buchgeld, Giralgeld
(vgl. deposit money)
deposit money Buchgeld, Giralg. (nicht
verbriefte, meist unverzinsliche Forderungen an die Zentralbank oder an
die Geschäftsbanken, die jederzeit in
gesetzliche Zahlungsmittel umge-
tauscht oder durch Überweisung /
Scheck auf andere Wirtschaftssubjekte übertragen werden können / Sichtguthaben)

deposit multiplier Kreditschöpfungsmultiplikator, Geldschöpfungsmultiplikator (→ credit multiplier)

depreciate 1) an Wert verlieren, (im Kurs, Preis) sinken 2) abschreiben

depreciation 1) Wertminderung, Wertschwund, Kapitalverzehr 2) Abschreibung 3) (Wechsel-) Kursrückgang (bes. bei freien Wechselkursen/bei festen Kursen Rückgänge innerhalb der Bandbreite 4) (gelegentl.) (formelle) Abwertung einer Währung

depreciation allowance Abschreibungsquote

depreciation reserve (Am) Wertberichtigung zum Anlagevermögen (BU)

derating (Br) Reduzierung (bzw. Befreiung von) der Lokalsteuer (→ rates)

derivation Ableitung, Ableiten (MAT / Infinitesimalrechnung)

derivative Ableitung, abgeleiteter Wert, abgeleitete Funktion, Differentialquotient (MAT)

derivative deposits sekundäres, derivatives Giralgeld (durch Kreditgewährung entstandenes Giralgeld)

derived demand abgeleitete Nachfrage (z.B. die Nachfrage nach Produktionsfaktoren)

derived factor of production abgeleiteter Produktionsfaktor (Kapital / G: → primary factor of production)

deseasonalise jahreszeitlich (saisonal) bereinigen (→ seasonal adjustment)

destination of output empfangende Sektoren (IN/OUT)

determinant Determinante (auch in der Matrizenrechnung), Bestimmungsgröße, Bestimmungsfaktor

determination of national income Volkseinkommensbestimmung (die Abhängigkeit des Volkseinkommens von der Höhe der gesamtwirtschaftl. Nachfrage und des gesamtwirtschaftl. Angebotes)

deterministic function deterministische Funktion (F., in der alle Variablen den Wahrscheinlichkeitsgrad 1 haben/ G: → stochastic function)

destocking Abbau von Lagerbeständen, Lagerabbau

detriments negative Externalitäten

devaluation Abwertung (formelle Herabsetzung des Außenwertes einer Währung)

developer Grundstücksverwertungs- und -erschließungsunternehmer (-unternehmen)

development 1) Entwicklung, Ausbau 2) Erschließung, Aufschließung, Baureifmachung 3) Bebauung (von Grundstücken) 4) Bauprojekt, Objekt, Anlage, Siedlung (Verkehrs-) Werk 4) finanzielle Verwertung, Sanierung (bes. durch Ankauf von bzw. Beteiligung an Unternehmen)

development aid Entwicklungshilfe

development area Entwicklungsgebiet

development gains tax Steuer auf Planungsgewinne (eine Bodenwertzuwachssteuer)

deviation Abweichung (STAT / Differenz zwischen Einzelwert einer stat. Reihe und einem Mittelwert / → mean d.; → standard d.)

DI → disposable income

differential calculus Differentialrechnung

differentiate (with respect to x) (nach x) differenzieren (MAT)

diffusion index Diffusionsindex (Generalindex, der angibt, wieviel Prozent aller Teilindizes gegenüber dem letzten Stichtag gestiegen sind / bes. in der Konjunkturprognose / vgl. leading indicator)

diffusion theory (of taxation) Diffusionstheorie (Th., nach der auf lange Sicht auch alle direkten Steuern auf die Marktpreise der Güter abgewälzt werden)

diminishing marginal utility abnehmender Grenznutzen (vgl. law of d.m.u.)

direct cost Einzelkosten, variable Kosten

direct investment direkte Investitionen (Erwerb von Eigentumsrechten im Ausland, bes. wenn damit wirtschaftl. Dispositionsbefugnisse verbunden sind / z.B. Zweigniederlassungen, größere Beteiligungen)

direct labour Fertigungslöhne

direct tax direkte Steuer, Tragsteuer (St., bei der Steuerzahler und Steuerträger identisch sind, die daher – zumindest formal – nicht abgewälzt wird / fraglicher Begriff der Steuerpraxis und VGR, fraglich, weil z.b. die Körperschaftssteuer sehr wohl übergewälzt werden kann / G: → indirect tax)

dirty float unsauberes Floaten (mit heimlichen Interventionen der Zentralbank / vgl. float)

disaggregate (vb) disaggregieren, aufschlüsseln, zerlegen (STAT, VGR)

discontinuous variable diskrete Variable (→ discrete variable)

discount 1) (Preis-)Nachlaß 2) Abschlag; Disagio (Differenz zwischen höherem Nominalwert und Emissions- oder Marktkurs von Wertpapieren); Deport (Differenz zwischen höherem Kassa- und nied. Terminkurs von Devisen); Wechseldiskont; (MZ) Wechselrediskontkredite (in USA häufig unter Einschluß der Lombardkredite) der Zentralbank an Geschäftsbanken, Wechseldiskontkredite (der Geschäftsb. an Nichtbanken)

discounted cash flow (method) finanzmathematische dynamische Investitionsrechnungsmethode (die auf einer Abzinsung der Kassaeingänge beruht / vgl. present value; vgl. internal rate of return)

discount house 1) (Br) Diskontbank (Spezialinstitut des Londoner Geldmarktes zwischen Zentralbank und Geschäftsbanken) 2) (Am) Kommerzkreditbank (Teilzahlungskreditinstitut)

discounting 1) Diskontieren, Eskomptieren (von Wechseln) 2) Abzinsen, Abzinsung, Diskontieren (Ermittlung des Barwertes von zukünftigen Zahlungen, Einnahmen usw.) 3) Antizipation, Vorwegnahme, Berücksichtigung im voraus

discount policy Diskontpolitik (Änderungen in der Bankrate vgl. discounts)

discount rate 1) Diskontsatz, (Am) Bankrate 2) Abzinsungsfaktor (→ discounting 1); → 2))

discounts and advances Diskontkredite und Lombardkredite (der Fed. Reserve Banks an die Mitgliedsbanken)

discount window Rediskont- bzw. Lombardkreditfazilität (der Zentralbank)

discrete variable diskrete Variable (V., deren Definitionsbereich Lücken aufweist / G: → continuous variable)

discretionary (economic) policy diskretionäre Wirtschaftspolitik (von Fall zu Fall konzipierte und daher nicht automatisch ablaufende W. / G: → automatic stabiliser)

discretionary income tatsächlich frei verfügbares Einkommen (→ disposable-personal-income abzüglich bestimmter feststehender Zahlungen, wie etwa für Wohnung, Grundnahrungsmittel usw.)

discretionary provision Kannbestimmung (in Verträgen, Verordnungen, Gesetzen)

discretionary stabiliser diskretionäre wirtschaftspolitische Stabilisierungsmaßnahme (vgl. discretionary policy)

diseconomies of scale Kostenprogression (überproportionale Erhöhung der Gesamtkosten bei einer Ausweitung der Produktion – nicht ident. mit → decreasing returns to scale / vgl. economies of scale)

disembodied technical progress nicht (an Kapitalinvestitionen) gebundener technischer Fortschritt (z.B. organisatorischer Fortschritt)

disequilibrium Ungleichgewicht

disguised unemployment versteckte Arbeitslosigkeit

dishoarding Enthorten, Abbau von gehorteten Beständen bzw. gehorteter Liquidität (vgl. hoarding)

disincentive (sb) leistungshemmender Faktor, l. Wirkung

disincentive (adj) leistungshemmend

disinflation Entflationieren (Zurückführung der Inflation auf ein „Normalmaß")

disintermediation „Transformationsleistungsausfall" (Rückgang im Geschäftsvolumen der → financial intermediaries auf Grund andersweitiger attraktiverer Veranlagungsmöglichkeiten)

disinvestment 1) Desinvestition (Reduzierung des Realkapitalbestandes durch Unterlassung von Ersatzinvestitionen) 2) Entsparen, Reduktion des Wertpapierbestandes 3) negativer Finanzierungssaldo (VGR)

dismal science, the „die trostlose Wissenschaft" (Carlyles Bezeichnung für die Bevölkerungslehre von Malthus, später auch für die Volkswirtschaftslehre im allgemeinen)

dispersion Streuung (STAT / Verteilung der Einzelwerte einer stat. Reihe − meist − um einen Mittelwert)

displacement of labour Verdrängung von Arbeitskräften (z.B. durch Investitionen)

disposable goods Wegwerfgüter, Einweggüter

disposable income disponibles Einkommen, verfügbares E. (vor allem der privaten Haushalte / = → personal income minus indirekte Steuern, minus Arbeitnehmerbeiträge zur Sozialversicherung)

disproduct negatives Gut (z.B. bei der Umweltverschmutzung)

dissaving Entsparen (Verbrauch > disponibles Einkommen)

distributed lag mehrfach verzögerte Reaktion (über mehrere Beobachtungsperioden verteilte Verzögerung in der Erreichung eines neuen Gleichgewichtszustandes / dynamische Analyse)

distributed-lag bias Verzerrung der stat. Schätzfunktion durch einen → distributed lag)

distribution 1) Verteilung, Ausschüttung (z.B. Dividende) 2) Verteilung (STAT) 3) (Einkommens-)Verteilung, Theorie der Einkommensv. 4) Vertrieb, Absatz

distributional adjustment Korrektur in der (Einkommens-)Verteilung

distributional shift Verschiebung in der (Einkommens-)Verteilung

distribution branch Distributionsabteilung (die für die Einkommens- und Vermögensverteilung verantwortliche Abteilung in Musgraves imaginärer Finanzverwaltung)

distributive shares Verteilungsquoten, funktionale Einkommensverteilung im weiteren Sinn (→ functional distribution 2))

disturbance Störung, Störfaktor

disutil negative Nutzeneinheit (Maßstab zur Messung des negativen Nutzens)

disutility Mißnutzen, negativer Nutzen, „Leid"

disvestiture Verkauf, Abstoßen von Beteiligungen, Tochtergesellschaften (aus betriebswirtschaftlichen Motiven oder auf Anordnung der Monopolbehörden)

diversification Diversifikation, Diversifizierung (gezielte Streuung im Produktionsprogramm, Wertpapierportefeuille usw., vor allem zur Risikominderung und Ertragssicherung)

division of labour Arbeitsteilung

dole Arbeitslosenunterstützung; „on the dole" Arbeitslosenunterstützung beziehen, „stempeln gehen"

dole queue (wörtl.) „Schlange der Arbeitslosenunterstützungsempfänger", Anzahl der Arbeitslosen

dollar gap Dollarlücke (Fehlbetrag in der Dollarzahlungsbilanz der westeuropäischen Länder nach dem Ende des 2. Weltkrieges)

dollar output in Dollar bewertete Produktionsmenge

domain (of a function) Definitionsbereich, Argumentbereich (einer Funktion / die Menge der möglichen Werte für die unabhängige Variable einer Funktion)

domestic activity Binnenkonjunktur

domestic capital formation inländische Vermögensänderung(en), i. Vermögensbildung (VGR/Kontenschema UNO / vgl. capital formation)

domestic concept Inlandsbasis, -konzept (vgl. domestic product)

domestic product Inlandsprodukt (Produktionsergebnis aller innerhalb der geographischen Grenzen eines Landes wirkenden Produktionsfaktoren unabhängig davon, ob sie von Inländern oder Ausländern zur Verfügung gestellt werden / = Sozialprodukt minus Faktoreinkommen aus dem Ausland plus Faktoreinkommen an das Ausland)

donations Schenkungen (auch ZB)

donee country Empfängerland (ENT)

donor country Geberland (ENT)

doom school Weltuntergangsschule (Gruppe von Wissenschaftlern – Futurologen –, die der Meinung ist, daß bei Beibehaltung der gegenwärtigen Wachstums- und Umweltschutzpolitik die Welt dem Untergang zusteuert)

doomster Weltuntergangsprophet

dose Dosis, (eingesetzte) Faktormenge

dose of reflation Konjunkturspritze

dotted line punktierte Linie

double coincidence of wants doppelte Bedürfniskoinzidenz (beim Tausch: der 1. Partner muß sich vom Gut A trennen und das Gut B nehmen wollen, für den 2. Partner gilt das Gegenteil)

downstream investment Investition(en) auf nachgelagerten Wirtschaftsstufen

downward rigidity (einseitige) Rigidität nach unten, Inelastizität nach unten, Sperrklinkeneffekt (Eigenschaft einer Variablen, – z.B. der Nominallöhne –, nur steigen aber nicht fallen zu können)

draft (gezogener) Wechsel, Tratte

drawback Rückzoll, Zollrückvergütung; Umsatzsteuerrückvergütung (bes. bei einer kumulativen Umsatzsteuer)

dual (sb) Dual (= → dual program; → d. problem)

duality theorem Dualitätstheorem (Th., das einen bestimmten Zusammenhang zwischen Primal- und Dualprogrammen erfaßt / → primal; → dual problem)

dual price Schattenpreis (der mit Hilfe eines Dualprogrammes ermittelt wird / → dual problem; → shadow price / LINPLAN)

dual problem Dualproblem (Umkehrung eines Primalprogrammes / z.B. das zu einem Maximierungsproblem gehörige Minimierungsproblem / LINPLAN)

dual variable duale Variable (zu einem Dualproblem gehörige Variable / → dual problem)

due (adj) 1) fällig, zahlbar, zu leisten (z.B. auf Grund eines Vertrages) 2) gebührend, zustehend, ordnungsgemäß 3) geschuldet, schuldig

due (sb) Gebühr

dummy tender Scheinangebot (im Rahmen des → collusive tendering)

dummy variable 1) Dummyvariable, Hilfsv. (V., die zur Repräsentation von singulären Einflüssen in der Regressionsanalyse dient) 2) Scheinvariable (positive und/oder negative Schlupfvariable / → slack variable / LINPLAN)

dumping Dumping (nach der Def. des GATT: Verkauf eines Gutes im Ausland unter dem „Normalpreis", der meist auf Grund des Preises im exportierenden Land berechnet wird)

duopoly Duopol, Dyopol (Marktform mit nur zwei Anbietern, gelegentlich auch – ungenau – für Duopson, der Marktform mit nur zwei Nachfragern)

duopsony Duopson (Marktform mit nur zwei Nachfragern)

duplication 1) Doppelzählung (z.B. beim BNP) 2) Zweigeleisigkeit durable goods langlebige (d.h. für öftere Verwendung innerhalb einer längeren Nutzungsdauer geeignete) Güter (langlebige Konsumgüter – Gebrauchsgüter – plus Anlageinvestitionsgüter)

durable producer goods → capital goods

Dutch auction Diminuendolizitation (Auktion, bei der ein hoher Ausrufungspreis so lange reduziert wird, bis sich ein Käufer findet)

dynamic economics → dynamics

dynamic function dynamische Funktion (F., die Variable mit verschiedenen Zeitindizes enthält → dynamics)

dynamic peg → crawling peg

dynamic programming dynamische Planungsrechnung (Entscheidungsbaumverfahren mit parallel organisierter, stufenweiser Enumeration / OR)

dynamics Dynamik, dynamische Analyse, Prozeß-, Verlaufsanalyse (wirtschaftstheoretischer Ansatz, der auf die Untersuchung des Wirtschaftsablaufes von Periode zu Periode als Komplex einander beeinflussender Prozesse abgestellt ist / die Variablen in den entsprechenden Modellen tragen verschiedene Zeitindizes / G: → statics)

dynamic variable dynamische Variable (vgl. dynamic function)

E

ear-bashing besonders nachdrückliche Form der Seelenmassage (→ jaw-bone)

earmarking Zweckbindung (bes. von bestimmten Staatseinnahmen)

earned income 1) Arbeitseinkommen (G: → unearned income) 2) (Am) periodenbezogene Erträge (BU)

earning assets sog. „werbende" Aktiva, ertragsbringend eingesetzte oder veranlagte Vermögenswerte (z.B. Staatsschuldverschreibungen im Portefeuille einer Bank)

earnings Einkommen, Einkünfte; Verdienst, Arbeitslohn (meist mit Einschluß der Überstunden); Gewinn

earnings-and-cost approach Verteilungsrechnung (VGR / → factor payments approach)

earnings of management Unternehmerlohn (kalkulatorischer Arbeitslohn des Unternehmers in der Höhe des Entgeltes, das er in einer vergleichbaren aber abhängigen Stellung – etwa als Geschäftsführer – erhalten würde)

earnings per share Gewinn pro Aktie (bereinigter Gewinn : Anzahl der Aktien)

ear-stroking Seelenmassage (→ jaw-bone)

easy money Politik des „leichten" Geldes, expansive Kreditpolitik, Kreditexpansion (niedrige Zinssätze und/oder Erhöhung der Bankliquidität und/oder Lockerung bzw. Aufhebung von direkten Kreditrestriktionen)

ecology 1) Ökologie (Wissenschaft von den Beziehungen der Organismen zur umgebenden Außenwelt bzw. der menschlichen Gesellschaft zur natürlichen Umwelt) 2) das Insgesamt dieser Beziehungen selbst

econometrics Ökonometrie (Anwendung der Wahrscheinlichkeitstheorie auf wirtschaftsstatistische Daten im Rahmen wirtschaftstheoretischer Modelle)

economic accounting volkswirtschaftliches Rechnungswesen, v. Gesamtrechnung (G: → business accounting)

economic activity Wirtschaftstätigkeit, Konjunktur

economic base Economic Base, Exportbasis (Wirtschaftstätigkeit einer Region für den regionalen Export / erfaßt als regionales Exportprodukt, -einkommen, als Anzahl der für den Fernbedarf Tätigen, als hauptsächlich für den regionalen Export produzierende Wirtschaftszweige)

economic base ratio Exportbasiskoeffizient (Verhältnis der regionalen Exporte zum regionalen Gesamtprodukt bzw. -einkommen)

economic dynamics → dynamics

economic friction → friction

economic good Wirtschaftsgut, wirtschaftliches Gut (im Verhältnis zum Bedarf knappes mit Kostenaufwand — Preis — zu erlangendes Gut / G: → free good)

economic growth Wirtschaftswachstum (1) Zunahme des nominellen oder realen BNP 2) Zunahme des realen Volkseinkommens pro Kopf 3) Erweiterung der Produktionskapazität — des Kapitalstocks —)

economic indicator Konjunkturindikator (Zeitreihe einer volkswirtschaftl. oder sektoralen Größe — Arbeitslosigkeit, landwirtschaftl. Produktion etc. —, die mit dem Konjunkturverlauf einigermaßen verläßlich korreliert / → → lagging indicator; → leading i., → coincident i.)

economic life 1) Nutzungsdauer (betriebsübliche Verwendungsdauer eines Anlagegutes) 2) Wirtschaftsleben, -tätigkeit, Wirtschaft

economic rent 1) wirtschaftlich gerechtfertigte Miete (z.B. für eine Wohnung) 2) → rent 2))

economics 1) Volkswirtschaftslehre (und -politik), volkswirtschaftliche Theorie(n) 2) (volks-)wirtschaftliche Aspekte 3) Rentabilitätsaspekte, -faktoren, Wirtschaftlichkeit 4) Wirtschaftslage, Wirtschaftsform, Wirtschaft

economics of control (etwa) soziale Marktwirtschaft (Lerner)

economic thought volkswirtschaftliche Lehrmeinungen, „Dogmen"

economic unit Wirtschaftssubjekt, -einheit (z.B. Haushalt, Betrieb)

economies of scale Kostendegression (unterproportionale Erhöhung der Gesamtkosten bei einer Ausweitung der Produktion — nicht ident. mit → increasing returns to scale, da die Bedingung der proportionalen Faktormengenvariation nicht gelten muß

und weil geldmäßig bewertete Erträge vorausgesetzt werden)

economy 1) Wirtschaft 2) Einsparung; Wirtschaftlichkeit

economy study Wirtschaftlichkeitsuntersuchung, Investitionsrechnung

eco-nut Umwelthysteriker

educational economics Bildungsökonomie

effective demand effektive (d.h. kaufkräftige) Nachfrage

efficiency unit Leistungseinheit (L. für den homogen gedachten Produktionsfaktor Arbeit)

elasticity Elastizität (Maß für den Grad der Abhängigkeit einer wirtschaftlichen Größe von einer anderen — z.B. der Nachfrage vom Preis — / Quotient aus der relativen Änderung der abhängigen und der relativen Änderung der unabhängigen Größe)

elasticity approach Elastizitätsanalyse (vor allem Methode der monetären Außenwirtschaftstheorie / untersucht die Reaktion der Leistungsbilanz auf Wechselkursänderungen unter bes. Berücksichtigung der Elastizitäten auf den Devisenmärkten und den dahinter stehenden Güterangebots- und -nachfrageelastizitäten und unter Vernachlässigung sekundärer Wirkungen auf Volkseinkommen usw.)

elasticity of commodity substitution Kreuzpreiselastizität (→ elasticity of substitution 2))

elasticity of factor substitution (makroökonomische) Substitutionselastizität (→ elasticity of substitution 1))

elasticity of substitution 1) (makroökonomische) Substitutionselastizität, Faktorsubstitutionselastizität (Grad der Abhängigkeit einer Änderung in der Kapitalintensität von einer Änderung im Lohn-Zinsverhältnis) 2) Kreuzpreiselastizität, (mikroökonomische) Substitutionselastizität (Grad der Abhängigkeit einer Änderung in der relativen Absatzmenge

eines Gutes von der relativen Preisänderung eines anderen Gutes)

eligible in Frage kommend, geeignet,
qualifiziert, mit Anrecht auf, berech-
tigt

eligible bills diskontfähige Wechsel

eligible for rediscount rediskontfähig

eligible liabilities (Br) mindestliquiditäts-
pflichtige Passiva (Berechnungsgrundlage für die → minimum reserve assets
ratio)

eligible paper (bei der Zentralbank) re-
diskont- bzw. lombardfähige Wertpapiere, zentralbankfähige W.

embodied technical progress (an Kapitalinvestitionen) gebundener technischer Fortschritt

eminent domain Enteignungsrecht des
Staates ·

employment 1) Beschäftigung (im engeren Sinn) (Einsatz menschl. Arbeitskraft) 2) Beschäftigung (im weiteren
Sinn) (Einsatz der Produktionsfaktoren Arbeit und Kapital, d.h. von
menschl. Arbeitskraft und Produk-
tionsmitteln − in einer Volks- bzw.
Betriebswirtschaft)

employment exchange (Br) (veralteter
Ausdruck für) Arbeitsamt

employment multiplier Beschäftigungs-
multiplikator, Kahn-M. (Meßzahl, die
angibt, das Wievielfache einer autonomen Änderung in der Beschäftigung
in einem Wirtschaftszweig die dadurch induzierte Änderung in der Ge-
\samtbeschäftigung beträgt / G: → investment multiplier / vgl. multiplier)

employment office (Br) Arbeitsamt

empty set Leermenge, Nullmenge
(MAT / Mengenlehre)

endogenous endogen, induziert, abhängig (aus dem System bestimmt /
G: → exogenous)

endogenous variable endogene Variable,
aus dem System bestimmte V., ab
hängige V. (G: → exogenous v.)

Engel's law Engelsches Gesetz, Engel-
Schabesches-Gesetz (Zusammenhang
zwischen Einkommen und Ausgaben

für Nahrung und Wohnung in der
· Form, daß bei steigendem Einkom-
men der Anteil dieser Ausgaben am
Gesamteinkommen abnimmt)

entrepreneur Unternehmer

entry 1) Eintragung, Buchung 2) Eintritt, Zutritt (eines neuen Marktteilnehmers)

enumeration 1) Aufzählung, Zählung
2) Liste, Aufstellung 3) Enumeration
(Lösungsmethode für Optimierungs-
probleme, bei der alle möglichen Lösungen berechnet und die beste aus-
gewählt wird / OR)

envelope curve Umhüllende, Envelope,
Auffangkurve, -linie (Kurve, die eine
ebene Kurvenschar so umschließt,
daß ihre markanten Punkte Punkte
der umschlossenen Kurven sind)

equality of opportunity (-ties) Chancen-
gleichheit

equal pay „gleiche Bezahlung für gleiche
Leistung" (ohne Diskriminierung auf
Grund von Rasse, Geschlecht, Natio-
nalität usw.)

equal-product curve Isoproduktkurve,
Isoquante (→ isoquant)

equation Gleichung

equation of exchange Verkehrsgleichung,
Quantitätsgl. (Gl., die Geldmenge,
Transaktionshäufigkeit des Geldes,
Durchschnittspreis und Transaktions-
volumen in Beziehung setzt)

equilibrate (vb) equilibrieren, in einen
Gleichgewichtszustand bringen, aus-
gleichen

equilibrium Gleichgewicht

equimarginal principle Equimarginalprin-
zip (z.B. Gesetz von Ausgleich der
Grenznutzen / 2. Gossensches Gesetz)

equity 1) Billigkeit, Gerechtigkeit
2) Eigentum (-srecht), Eigenkapital,
Nettovermögen, Wert nach Abzug
aller Belastungen 3) (MZ) (Stamm-)
Aktien, Beteiligungs-, Dividendenpa-
piere

equity bank Beteiligungsfinanzierungsin-
stitut

equity capital Eigenkapital, Beteiligungskapital

equity financing Beteiligungsfinanzierung, Eigenfinanzierung

equity share Stammaktie

errors and omissions Irrtümer und Auslassungen; statistische Differenz, (unaufgeklärte) Restposten (ZB)

error term Zufallskomponente, Störvariable, Irrtumsvariable (vgl. regressions analysis)

error variable → random variable

escalator clause (Am) Gleitklausel, Wertsicherungsklausel (bes. in Tarifverträgen)

estate duty (Br) (1975 abgeschaffte) Nachlaßsteuer, Erb(masse)steuer, Hinterlassenschaftssteuer (Bemessung nach dem Gesamtnachlaß / vgl. capital transfer tax)

estate tax (Am) (Bundes-) Nachlaßsteuer (vgl. estate duty)

estimate (sb) Schätzung, geschätzter Wert, Voranschlag; (E. . . Haushaltsvoranschlag); Kostenvoranschlag

estimation statistische Schätzung, Berechnung der Schätzfunktion, Hochrechnung

estimator Schätzfunktion, Schätzer, Schätzgröße (STAT)

ex ante ex ante, im vorhinein, erwartet, Erwartungs. . .

excess capacity theorem Überschußkapazitätstheorem, Theorem der freien Kapazitäten (Tangentenlösung zur Erklärung der monopolistischen / heterogenen Konkurrenz)

excess capacity 1) (engerer Sinn) freie Kapazität (bei der heterogenen Konkurrenz) 2) (weiterer Sinn) Überschußkapazität

excess demand Übernachfrage, überhöhte Nachfrage

excess reserve Überschußreserve (etwa: tatsächliche Reserve minus Mindestreserve, minus Kassa / wichtiger Faktor im Kreditschöpfungsprozeß / BA)

excess supply Überangebot, Überschußangebot

exchange (sb) 1) Tausch, Umtausch, Verkehr (Austausch von Marktleistungen) 2) Zahlungsverkehr; (Kurzform für) → foreign exchange, (in älteren Werken) Wechselkurs 3) Börse

exchange control Devisenbewirtschaftung, staatl. Regelung des Devisenverkehrs

exchange economy Überbegriff für die Tausch- und Verkehrswirtschaft (Arbeitsteiligkeit und Warenaustausch mit oder ohne Geld)

exchange equalisation account Währungsausgleichsfonds (Institution zur Steuerung des Wechselkurses durch Offenmarktoperationen)

exchange opportunity line Tauschmöglichkeitslinie, -kurve (geom. Ort aller Tauschmöglichkeiten zwischen zwei Wirtschaftssubjekten mit zwei Gütern bei gegebenen Preisen)

exchange possibility curve Tauschmöglichkeitskurve (→ exchange opportunity line)

exchange rate Wechselkurs

exchange ratio (allgemeine) Austauschrelation (zwischen zwei oder mehreren Gütern)

excise duty (Br) spezielle Verbrauchssteuer (beim Produzenten bzw. Großhändler erhobene selektive Einphasenumsatzsteuer bes. auf Spirituosen, Tabak etc.)

excise tax (Am) spezielle Verbrauchssteuer (→ excise duty)

exclusion principle Ausschlußprinzip (P., nach dem Wirtschaftssubjekte, die den Preis für individuelle Güter nicht zahlen, von der Nutznießung ausgeschlossen sind)

executive director Mitglied des → board of directors etwa mit den Agenden eines Vorstandsmitgliedes und Aufsichtsratsmitglieds

exempt (steuer-)befreit; (Br) unecht mehrwertsteuerbefreit (d.h. ohne Vorsteuerabzug)

exemption (Steuer-)Befreiung; (Am) Steuerfreibetrag; (Br) unechte Mehrwertsteuerbefreiung (d.h. ohne Vorsteuerabzug)

exhaustive expenditure Realausgaben, konsumptive und investive Ausgaben (Ausgaben des Staates für Güter und Dienstleistungen / G: → transfer expenditure)

exhaustive expenditure multiplier „Staatsverbrauchsmultiplikator" (Meßzahl, die angibt, das Wievielfache einer autonomen Änderung in den Staatsausgaben f. Güter und Dienste die dadurch induzierte Änderung im Volkseinkommen beträgt / vgl. multiplier)

exit Austritt, Abgang (eines Marktteilnehmers)

exogenous exogen, vorgegeben, autonom, erklärend, unabhängig (von außerhalb des Systems bestimmt / G: → endogenous)

exp exponentiell

expansion path Expansionspfad, Output-Faktor Kurve, Skalenlinie (geom. Ort sämtliche Optimalkombinationen v. Faktormengen)

expectational series Zeitreihe von Erwartungsgrößen (z.B. geplante Investitionen)

expenditure approach Verwendungsrechnung (Ermittlung des Volkseinkommens nach Ausgabenarten für Güter und Leistungen, z.B. Konsum, Investitionen, Staatsverbrauch etc.)

expenditure lag Ausgabeverzögerung (Verzögerung zwischen Anfall und Verausgabung des Einkommens)

expenditure switching Ausgabenumschichtung

explained variable abhängige Variable, Zielvariable, Regressand (vgl. regression analysis)

explanatory variable erklärende Variable, unabhängige V., Regressor, Einflußgröße (vgl. regression analysis)

exploitation 1) Verwertung, Ausnutzung, Abbau (Patent, Bodenschätze) 2) Ausnutzung, Ausbeutung

exploitative effect Ausbeutungseffekt

explosive explodierend (vom Gleichgewichtspfad wegstrebend)

explosive cobweb explodierendes Spinnwebsystem (→ explosive; → cobweb)

explosive non-oscillating system explodierendes nicht schwingendes System (S., das, ohne um einen Mittelwert zu schwingen, vom Gleichgewichtspfad wegstrebt)

explosive oscillation explodierende Schwingung, e. Oszillation (S., deren Amplitude im Zeitverlauf wächst und sich immer weiter vom Gleichgewichtspfad entfernt)

export base → economic base

export base model Exportbasismodell (regionales Einkommensmodell auf der Grundlage der → economic base)

export base ratio → economic base ratio

export content Exportanteil, Exportquote

export-led durch Exporte angekurbelt, d.E. in Schwung gebracht, mit den Exporten als Zugpferd

export multiplier Exportmultiplikator (in Bezug auf das Volkseinkommen / Meßzahl, die angibt, das Wievielfache einer autonomen Änderung der Exporte die dadurch induzierte Volkseinkommensänderung beträgt / berücksichtigt zumindest die marginale Importquote, manchmal auch die sog. → foreign repercussions / G: → base multiplier; vgl. multiplier)

ex post ex post, im nachhinein, tatsächlich eingetreten oder erzielt

expression (auch math.) Ausdruck

expropriation Enteignung

extension path Skalalinie, Niveaulinie (→ expansion path)

external accounts 1) Zahlungsbilanz 2) (Br) Sterlingkonten (bzw. -guthaben) von Devisenausländern

external benefit positive Externalität (→ social benefit 2)) external economies (positive) Externalitäten, volkswirtschaftliche Erträge (→ social benefits 2))

external economies of scale externe (d.h. außerhalb der Produktionsveranstaltung – z.b. auf Beschaffungs- und Absatzmärkten erzielte –) Kostendegression (vgl. economics of scale)

external effects externe Effekte, Externalitäten (→ externalities)

externalities Externalitäten, volkswirtschaftliche Erträge und Kosten im engeren Sinn (die nicht in das Wirtschaftskalkül des Verursachers eingehenden positiven oder negativen Auswirkungen einer wirtschaftlichen Disposition auf die Wohlfahrt bzw. das Produktionsergebnis anderer Wirtschaftssubjekte)

external surplus Zahlungsbilanzüberschuß

external transactions Außenwirtschaft

extractive industries Urproduktion (Land- und Forstw., Bergbau, Steine und Erden)

F

face value Nennwert (z.B. bei Aktien, Wechseln)

factor endowment Faktorausstattung (einer Volkswirtschaft)

factor income Faktoreinkommen, Leistungseinkommen (Einkommen aus unselbständiger Arbeit, Unternehmertätigkeit und Vermögen)

factoring Faktoring (bes. Art der Forderungsfinanzierung, bei der eine Spezialbank die Forderungen aus Warenlieferungen und Leistungen eines Unternehmens ohne Regressrecht übernimmt und meist bevorschußt und buchhalterisch verwaltet)

factor intensity Faktorintensität (das zahlenmäßige Verhältnis der Produktionsfaktoren in einem Produktionsprozeß)

factor movements Produktionsfaktorwanderung(en)

factor of production Produktionsfaktor

factor out (vb) herausheben (MAT)

factor-payments approach Verteilungsrechnung (Ermittlung des Volkseinkommens als Faktoreinkommen bei den Einkommensträgern – Einkommen aus unselbständiger Arbeit, aus Unternehmertätigkeit und Vermögen)

factor price equalisation Faktorpreisausgleich (Annäherung der Preise für Produktionsfaktoren in verschiedenen Ländern durch Warenfreihandel)

factor services Faktorleistungen, Produktivleistungen (→ productive services)

factor shares Faktorquoten (Anteil der einzelnen Produktionsfaktoren an der Verteilung des Produktionsergebnisses)

factory supplies Hilfs- und Betriebsstoffe

failure Versagen, Bankrott, Fehlschlag

fallacy Trugschluß, Fehlschluß

family of curves Kurvenschar

FC → fixed cost(s)

feasibility study Projektvorstudie (Zur Erkundung der grundsätzlichen Durchführbarkeit)

feasible region zulässiger Lösungsbereich (graphische Darstellung zulässiger Lösungswerte / vgl. feasible solution / LINPLAN)

feasible solution zulässige Lösung (Variablenwert, der den Randbedingungen und der Nichtnegativitätsbedingung genügt / LINPLAN)

featherbedding (Am) (gewerkschaftlich geforderte aber sachl. nicht gerechtfertigte) Überbesetzung mit Arbeitskräften (zur Verhinderung von Arbeitslosigkeit)

fecundity Fruchtbarkeit (biolog. Gebärfähigkeit, Fähigkeit, Nachkommen zu erzeugen)

Fed → Federal Reserve Board

federal funds 1) Zentralbankgeld (Sichteinlagen der Geschäftsbanken bei den Federal Reserve Banks – vgl.

Federal Reserve System / Geldmarkt-
objekt) 2) Bundesmittel

Federal Reserve Board (Am) Bundesre-
servebankrat (→ Federal Reserve
System)

Federal Reserve System Bundesreserve-
banksystem (das mehrstufige Zentral-
banksystem der USA bestehend aus
12 regionaleɪ „Federal Reserve
Banks" unter der Leitung des
„Federal Reserve Board")

feedback Rückkopplung (Beeinflussung
eines Geschehens durch die Rückwir-
kung der Folgen auf seinen weiteren
Verlauf / Kybernetik)

fertility Fruchtbarkeit (Gebärleistung /
→ fertility rate)

fertility rate (allgemeine) Fruchtbarkeits-
ziffer (Lebendgeborene eines Jahres
je 1000 Frauen im gebärfähigen Al-
ter / vgl. refined birthrate)

fiat money ungedecktes Zentralbankgeld,
dekretiertes Geld

fiduciary money (ganz oder teilweise)
ungedecktes Zentralbankgeld

final consumer Letztverbraucher

final demand Endnachfrage

final inventory Schluß(lager)bestand

final output Lieferung für die Endnachfrage (IN/OUT)

final product Endprodukt

final utility → marginal utility

finance bill 1) Finanzwechsel 2) (Br)
F.B. Budgetgesetz (-esvorlage)

financial assets Geldvermögen (Forderungen, bes. die Nettoforderungen
eines Wirtschaftssubjektes)

financial flow (meist) → capital flow

financial gearing → income gearing

financial intermediary Finanzinterme-
diär, finanzieller Zwischenträger (Institution, die zwischen Kreditgebern
und Kreditnehmern bzw. umgekehrt
vermittelt / im weiteren Sinn: Geschäftsbanken, Kapitalsammelstellen,
Emissionsbanken; im engeren S. ohne
Geschäftsb. / vgl. savings intermediary; vgl. intermediation)

financial investment Finanzanlage(n);
Geldkapital-, Geldvermögensbildung
(VGR / Finanzierungsr.)

financial leverage → income gearing

financial market Finanzmarkt (Überbegriff für Geld- und Kapitalmarkt)

financing sector Finanzierungssektor,
aufbringender Sektor (VGR / Finanzierungsrechnung)

fine tuning (wirtschaftspolitische) Fein-
steuerung

fiscal dividend „fiskalische Dividende"
(der sich aus einem bestimmten Budgetprogramm – bes. aus der Anzahl
und Progression der Steuern – automatisch ergebende und auf der Basis
des → full-employment budget berechnete Zuwachs bei den Staatseinnahmen)

fiscal drag 1) „fiskalischer Bremseffekt"
(der konjunkturelle bzw. wachstums-
mäßige Bremseffekt des nicht durch
diskretionäre Einnahmensenkungen
bzw. Ausgabeerhöhungen abgedeck-
ten Teils der → fiscal dividend)
2) (besonders) „fiskalischer Bremseffekt auf Grund progressiver Abschöpfung" 3) progressive Abschöpfung

fiscal policy Finanzpolitik, „Fiskalpoli-
tik" (bes. die konjunktur- und wachs-
tumsorientierte Budgetpolitik des
Staates)

fit Anpassung, Angepaßtheit (einer Kurve, Funktion an empirische Daten)

fitting a curve Anpassung einer Kurve
(an Einzelpunkte)

fixed assets Anlagevermögen

fixed cost(s) Fixkosten (kurzfristig vom
Ausstoß einer Firma unabhängige K.)

fixed deposits (Br) Festgelder (Bankein-
lagen mit von vornherein fest vereinbarter Laufzeit)

flat (adj) 1) einheitlich, gleichmäßig,
pauschal 2) flau, lustlos 3) ohne (Berechnung aufgelaufener) Zinsen

flation (Am) Preisstabilität (Fehlen von
Inflation und Deflation)

flo(a)tation 1) Gründung (eines Unternehmens) 2) Ausgabe oder Auflegen (z.B. einer Anleihe)

float(ing) Floaten (System flexibler – nur durch Angebot und Nachfrage bestimmter – Wechselkurse, auch: Freigabe des / der Wechselkurse(s))

floating debt „schwebende" (d.h. kurzfristige) (Staats-) Schuld

floating rate of exchange freier Wechselkurs, flexibler W.

floor Untergrenze, Tiefst..., Mindest...

floor price (amtlicher) Mindestpreis, -kurs; Interventionspreis, -kurs

flow 1) Strom, Fluß, Bewegung, Verkehr, Leistung (Wertbewegung – Geld- und/oder Sachleistungen – zwischen Wirtschaftssubjekten) 2) grenzüberschreitender Kapital- und/oder Leistungsstrom, -verkehr, im Ausland erbrachte Finanz- und/ oder Sachleistung 3) Strom-, Perioden-, Kreislaufgröße (vgl. flow concept)

flow account Stromgrößenrechnung (→ flow concept)

flow chart Flußdiagramm, Verlaufsd.

flow concept Strom-, Kreislaufgröße (-nbasis) (Erfassung von monetären oder physischen Einheiten pro Zeitraum / z.B. Bruttosozialprodukt / G: → stock concept)

flow-of-fund accounts (volkswirtschaftl.) Finanzierungsrechnung, Geldstromrechnung (VGR)

flow of goods and services (oft: grenzüberschreitender) Leistungsstrom

flow-of-product approach Verwendungsrechnung (Sonderform des → expenditure approach)

food, drink and tobacco Nahrungs- und Genußmittel

footloose industry nicht standortgebundene(r) Industrie, - Wirtschaftszweig

forced saving Zwangssparen (unfreiwilliges Sparen aus Gründen wie: staatliche Verordnungen, Warenknappheit bei festen Preisen, Preisinflation, die höher ist als Lohninflation, restrikti-

ve Ausschüttungspolitik der Aktiengesellschaften)

forego (vb) verzichten, preisgeben

foreign aid Auslandshilfe

foreign (assets) position Auslandsposition (Saldo der Forderungen und Verbindlichkeiten gegenüber dem Ausland)

foreign currency accounts Fremdwährungskonten

foreign exchange 1) Auslandswährung(en)/Devisen und/oder Valuten 2) (MZ) Devisenmärkte

foreign repercussions internationale Rückwirkungen (Rückwirkungen, die eine autonome Änderung der Exporte des Landes A – über die Importe und das Volkseinkommen der übrigen Länder – auf das Volkseinkommen und die –induzierten– Exporte des Landes A hat)

foreign trade multiplier → export multiplier

foreign workers' remittances Überweisungen der Gastarbeiter

formula flexibility „Formelflexibilität" (Halbautomatik beim Einsatz des antizyklischen Instrumentariums, und zwar nach einem im voraus verabschiedeten Plan bei Erreichung bestimmter Indikatorwerte)

form utility der durch die Formveränderung eines Gutes – d.h. durch die Produktion im engeren Sinn – gestiftete Nutzen (G: → time u.; → place u.)

forshadowing indicator Frühindikator (→ leading indicator)

forward cover Kurssicherung (Devisenterminmarkt)

forward exchange Termindevisen (vgl. forward transaction)

forward linkage Verflechtung (eines Sektors) mit den Abnehmersektoren, d.h. mit den nachgelagerten Wirtschaftszweigen (IN/OUT)

forward transaction Termingeschäft (bes. Abschluß an der [Devisen-]Börse, der zu einem vereinbarten späteren Ter-

min aber zu einem am Abschlußtag
festgesetzten Kurs zu erfüllen ist /
G: → spot transaction)

fraction Bruch (MAT)

freedom of entry freier Marktzutritt

free good freies Gut (G: → economic
good)

free movement Freizügigkeit (Fehlen
zwischenstaatlicher Beschränkungen)

free movement of capital Freizügigkeit
des Kapitalverkehrs (→ free movement)

free movement of labour Freizügigkeit
des Arbeitsmarktes (→ free movement)

free movement of services Freizügigkeit
des Dienstleistungsverkehrs (→ free
movement)

free trade area Freihandelsgebiet (Zusammenschluß zweier oder mehrerer
Staaten zum Zwecke des Freihandels
ohne gemeinsamen Außenzoll)

freeze (vb) einfrieren (Preise), sperren
(Guthaben)

freeze (sb) Lohn- und/oder Preisstop

frequency distribution Häufigkeitsverteilung

friction Friktion(en), funktionale Stö-
rung(en) (Störungserscheinungen
eines — wirtschaftl. — Systems beim
Übergang von einem Gleichgewichtszustand zu einem anderen)

frictional unemployment Fluktuations-
arbeitslosigkeit, Friktionsa. (A. auf
Grund von → friction, vor allem wegen mangelnder Information oder
Mobilität)

fringe benefits betriebliche Sozialleistungen (gesetzliche und mehr oder weniger freiwillige S., wie Arbeitgeberan-
teile zur Sozialversicherung, Werksků-
chen, Sportanlagen . . .)

full-cost pricing Vollkostenkalkulation

full-employment budget (hypotheti-
scher) Bundeshaushalt bei Vollbeschäftigung (Bundeshaushalt auf der
Grundlage der volkswirtschaftl. Gesamtrechnung, den ein bestimmtes
Budgetprogramm unter der Annahme

der Vollbeschäftigung bei stabilen
Preisen während des ganzen Fiskal-
jahres ergeben würde)

full employment budget deficit (hypo-
thetisches) Budgetdefizit bei Vollbeschäftigung (vgl. full-employment
budget)

full-employment budget surplus (hypo-
thetischer) Budgetüberschuß bei Vollbeschäftigung (vgl. full-employment
budget)

functional distribution (of income)
1) funktionale Einkommensverteilung im engeren Sinn (Bestimmung
der Faktorpreise) 2) funktionale Einkommensverteilung im weiteren Sinn
(Bestimmung der Faktoranteile, die
sich aus Faktorpreisen und Faktormengen ergeben)

funded debt fundierte (d.h. langfristige)
Schuld

funding 1) Fundierung (Sicherstellung —
bes. von Kapital und Zinsen einer Anleihe — durch bestimmte Einnahme-
quellen des Staates) 2) Fundierung,
Konversion (von kurzfristigen in langfristige Schulden) 3) Finanzierung,
Bereitstellung von Mitteln

funk money → hot money

futures Terminkontrakte, -geschäfte,
-waren (Warenbörse)

G

gains from specialisation Spezialisie-
rungsgewinn(e) (Arbeitsteilung)

gains from trade „Außenhandelsgewin-
ne" (positive Wohlfahrtseffekte des
Außenh.)

gamesmanship Spielstrategie (SPT)

game-theoretic spieltheoretisch

game theory Spieltheorie

GDP / gdp → gross domestic product

gearing → income gearing; → capital g.;
→ operational g.

general borrowing agreements allg. Kre-
ditvereinbarungen (zwischen dem
IWF und dem Klub der Zehn)

general equilibrium allgemeines, totales Gleichgewicht (G. auf allen Märkten einer Volkswirtschaft)

general partnership offene Handelsgesellschaft

geometric mean geometrisches Mittel (MAT)

geometric progression 1) geometrische Folge (MAT) 2) geometrische Progression, exponentielles Wachstum

gestation lag Ausreifungszeit (von Investitionen / verschieden definierte Verzögerung im Investitionsprozeß / Zeitraum zwischen Investitionsbeschluß und effektiver Vermehrung des Kapitalstocks oder zwischen Produktionsbeginn des Kapitalgutes und der effektiven Vermehrung)

gestation period Ausreifungszeit (→ gestation lag)

Giffen paradox Giffenparadoxon (anomale Nachfragefunktion / steigende Nachfrage nach inferioren Gütern durch einkommenschwache Wirtschaftssubjekte bei steigenden Preisen)

gift tax Schenkungssteuer

gilt-edged (securities) (mündelsichere) Staats- und Komunalschuldverschreibungen

Gini-coefficient Ginikoeffizient (Maßzahl zur Erfassung der Abweichung einer Einkommensverteilung von der völligen Gleichverteilung)

glut Marktschwemme, Überangebot

GNP / gnp → gross national product

GNP-deflator BNP-Deflator, BNP-Generalpreisindex, BNP-Teuerungsfaktor (vgl. deflator)

goal conflict Zielkonflikt

going price (im Augenblick) geltender Preis

gold bullion standard Goldkernwährung (im Prinzip keine Goldmünzen, bestimmte Deckungsquote für Papiergeld, Abgabe und Ankauf von ungemünztem Gold – besonders in großen Mengen für den Export, d.h. für den

internationalen Zahlungsverkehr / z.B. Great Britain 1925–1931)

gold currency standard Goldumlaufwährung, reiner Goldstandard (→ gold specie standard)

gold exchange standard Golddevisenwährung (ohne interne Goldzirkulation, Deckung der Währung durch Gold und Golddevisen, d.h. durch Währung von Ländern mit Goldkernstandard)

gold point Gold (-export- bzw. -import-) punkt (Wechselkurs bei Goldumlauf- bzw. Goldkernwährung, über bzw. unter dem Goldarbitrage möglich ist)

gold specie standard Goldumlaufwährung, reiner Goldstandard (vollwertige Goldmünzen, Papiergeld voll gedeckt, freie Ausprägung und Einschmelzung von Münzen)

gold standard Goldwährung, Goldstandard

goods in progress Halberzeugnisse, Zwischenfabrikate (im Betrieb be- oder verarbeitete Stoffe, die sich noch im Produktionsprozeß bzw. in einem Zwischenlager befinden)

good will (auch goodwill) Firmenwert

go-slow Bummelstreik

government Staat, öffentliche Haushalte

government (expenditure) multiplier Staatsausgabenmultiplikator (quantifiziert die Wirkung einer autonomen Änderung in den Staatsausgaben auf das Volkseinkommen / vgl. multiplier)

grace period rückzahlungsfreie Periode (bes. bei Krediten an Entwicklungsländer)

grading Qualitätsabstufung, Güterklasseneinteilung

graduated tax progressive Steuer (mit Stufentarif)

grant (sb) 1) Zuschuß, Subvention; Zuweisung (Finanzausgleich) 2) Schenkung, unentgeltliche Leistung, direkter Zuschuß (ENT) 3) Stipendium, Beihilfe 4) Erteilung, Übertragung

grant element Schenkungsanteil, reines Zuwendungselement (ENT / Differenz zwischen Nennwert einer – fi-

nanziellen – Entwicklungshilfelei-
stung und dem Barwert der dem
Empfängerland daraus erwachsenden
Belastungen / ausgedrückt als Prozentsatz des Nennwertes der Leistung)

grant-in-aid Zuweisung (Finanzausgleich)

graph (sb) graphische Darstellung, Diagramm

graph (vb) graphisch darstellen

gravity model Gravitätsmodel (REG)

Great Depression (the) die große Wirtschaftskrise der Dreißigerjahre

Gresham's law Greshamsches Gesetz
(„das schlechte Geld verdrängt das
gute Geld", wenn bei einer Doppel-
währung das Marktpreisverhältnis der
beiden Währungen vom gesetzlichen
Verhältnis abweicht)

grid lines Rasterlinien

gross Brutto- (häufig: vor Abzug der
Steuern, vor Abzug der Abschreibung)

gross (vb) brutto verdienen; abwerfen
(the play grossed £ 1 million)

gross domestic investment Bruttoinlands-
investition(en), inländische Bruttover-
mögensbildung (VGR / Bruttoanlage-
investitionen plus Lagerbewegung)

gross domestic product Bruttoinlands-
produkt (vgl. domestic product)

gross fixed capital formation Bruttoan-
lageinvestition(en) (Bauten, Ausrü-
stungsinvestionen)

gross national product Bruttonationalprodukt / BNP („national product"
vor Abzug der Abschreibung / vgl.
national product; vgl. net national
product)

gross national product gap Bruttonatio-
nalproduktlücke (Differenz zwischen
potentiellem Vollbeschäftigungs-BNP
und tatsächlichem BNP)

gross of vor Abzug, mit Einschluß, brutto (z.B. „gross of tax" – vor Abzug
der Steuer / brutto)

gross output Bruttoproduktionswert
(monetär bewertetes Produktionser-

gebnis, d.h. mit Einschluß der Vorleistungen)

gross product Bruttowertschöpfung, Nettoproduktionswert (→ gross output
minus Vorleistungen / „gross" bedeutet hier vor Abzug der Abschreibungen)

gross saving and investment account Vermögensrechnung (VGR / Konten-
schema USA)

gross up (vb) von einem Nettobetrag auf
den Bruttobetrag hochrechnen (z.B.
Nettorendite – Bruttorendite)

gross value added Bruttowertschöpfung,
Nettoproduktionswert (→ gross product)

group Unternehmensgruppe, Konzern

growth point Wachstumspol (REG)

growth theory Wachstumstheorie, Theorie des Wirtschaftswachstums

guideline Richtlinie (z.B. im Rahmen
eines indikativen Planungsprogram-
mes)

H

hard currency Hartwährung (frei konvertierbare Währung mit stabilem bzw.
steigendem Außenwert)

hard goods (Am) → durable goods

hard loan harter Kredit (ein zu normalen marktwirtschaftlichen Bedingun-
gen gewährter und in einer harten
Währung rückzahlbarer Kredit an
Entwicklungsländer)

harmonic mean harmonisches Mittel
(STAT)

Harrod-Domar model Harrod-Domar Modell (Modell zur Erklärung des Wirtschaftswachstums unter Berücksichtigung des Einkommens- und Kapazi-
tätseffektes von Investitionen)

hatched schraffiert (Graphik)

Heckscher-Ohlin theorem Heckscher-
Ohlin-Theorem, Faktorproportions-
theorem (Erklärungsversuch der komparativen Kosten im Außenhandel
durch die verschiedenartige relative

Faktorausstattung der einzelnen Länder)

hidden hand → invisible hand

high-powered money Geld mit hohem Kreditschöpfungsmultiplikator

hire purchase Mietkauf auf Raten (juristisch: Vermietung bes. von langlebigen Konsumgütern mit einer Kaufoption / in der Praxis ein Ratengeschäft mit Eigentumsvorbehalt)

historic(al) cost Anschaffungs-, Gestehungskosten, Anschaffungswert

history of economic thought (volkswirtschaftliche) Dogmengeschichte

hoard (vb) horten, ,,hamstern"

hoarding Hortung (liquides Sparen, Strumpfsparen, Bildung von Gütervorräten über das ,,Normalmaß" hinaus, Bildung von Arbeitskräftereserven in Firmen)

hog cycle Schweinezyklus (klassisches Beispiel für → cobweb theorem)

homogeneous region homogene Region (struktureller Begriff der Regionalökonomie)

hot money heißes Geld, Fluchtgeld (mobiles, nur kurzfristig veranlagtes internationales Kapital auf der Suche nach Zins- und Kursgewinnen bzw. auf der Flucht von Zins- oder Kursverlusten)

housing Wohnbau, Wohnungswirtschaft, Wohnungswesen

housing start neu begonnenes Bauvorhaben (ein Konjunkturindikator)

HP → hire purchase

human capital Humankapital (Fertigkeiten und Fähigkeiten der Erwerbsbevölkerung als Ergebnis eines Investitionsprozesses – Bildung / Ausbildung – interpretiert)

human relations Human Relations (Pflege zwischenmenschlicher Beziehungen im Betrieb, ,,Betriebsklima")

hyper-inflation galoppierende Inflation

hyper-surface Hyberebene (ein / n−1 / − dimensionaler Unterraum eines n-dimensionalen Raumes / meist für Unterräume von mehr als dreidimensionalen Räumen verwendet / z.B. geo-

metrischer Ort der Werte einer von mehreren unabhängigen Variablen bestimmten abhängigen Variablen)

hypo (sb) (Am) Konjunkturspritze

hypo (vb) (Am) eine Konjunkturspritze verabreichen

I

ICOR / icor → incremental capital output ratio

identity (begriffliche) Identität, Feststellung der begrifflichen Identität in einer Definitionsgleichung (→ definitional equation)

identity matrix Einheitsmatrix (eine quadratische Matrix mit ,,eins" in der Hauptdiagonale und ,,null" an allen anderen Stellen)

idle stilliegend, unproduktiv, ungenützt, ohne Zinsertrag

idle capacity brachliegende Kapazität

illusory profit Scheingewinn (→ paper profit 2))

image Bild, Bildelement (MAT / Mengenlehre / das abgebildete Element einer Funktion / vgl. ,,mapping")

imbalance Ungleichgewicht

impact effect unmittelbare Wirkung (einer Änderung einer Wirtschaftsvariablen – → z.B. tax impact)

impact multiplier Initialmultiplikator (dynamischer M., der die unmittelbar – in der 1. Periode / z.B. Quartal – eingetretene Einkommensänderung berücksichtigt / vgl. multiplier)

impact price elasticity Initialpreiselastizität (dynamische Elastizitätsanalyse)

imperfect competition 1) (engerer Sinn / Robinson) polypolistisch-heterogene Konkurrenz (→ monopolistic competition) 2) (weiterer Sinn) unvollständiger Wettbewerb (Sammelbegriff für Marktformen, bei denen zwar Konkurrenz aber nicht → perfect competition besteht)

imperfect competitor (meist) Anbieter bei unvollständiger Konkurrenz (vgl. imperfect competition)

implicit cost(s) kalkulatorische Kosten
(Aufwendungen, denen in der paga-
torischen Rechnung keine perioden-
gleiche Ausgaben entsprechen / vgl.
imputation)

implicit gnp deflator impliziter BNP-Deflator (BNP-Deflator, der nicht zur
preislichen Bereinigung verwendet
wird, sondern lediglich aus einer Division des nominellen durch das reale BNP resultiert, wobei letzteres
meist durch Addition von sektoralen
realen Größen ermittelt wird / → gnp
deflator)

implicit interest kalkulatorische Zinsen
(vgl. imputed interest; vgl. imputation 1))

import content (of gross output) Anteil
der Importe (am Bruttoproduktionswert)

import deposit Importdepot (vom Im-
porteur zahlbare, nach einer bestimmten Zeit refundierte Abgabe
auf Importe)

import duty Importzoll

import surcharge Importzollzuschlag

imputation 1) Unterstellung, Zurechnung (kalkulatorische Bewertung von
wirtschaftlichen Vorgängen, denen
kein periodengleicher Zahlungsvor-
gang entspricht / vgl. z.B. imputed
rent) 2) Zurechnung (des Produktionsergebnisses / Verteilungstheorie)
3) Zuweisung (von Auszahlungen bei
einem n-Personen Spiel mit Absprachen unter bestimmten Randbedingungen / SPT)

imputation system (Br) Anrechnungssy-
stem (die von der Gesellschaft für die
ausgeschütteten Dividenden bezahlte
Körperschaftssteuer wird dem Divi-
dendenempfänger – voll – auf seine
Einkommenssteuer angerechnet /
Vermeidung der Doppelbesteuerung)

impute 1) unterstellen, kalkulatorisch er-
fassen, bewerten 2) zurechnen (von
Produktionsergebnissen / Verteilungstheorie)

imputed interest kalkulatorische Zinsen
(z.B. für bereitgestelltes Eigenkapital/
vgl. imputation)

imputed price 1) kalkulatorischer Preis
(vgl. imputation) 2) Schattenpreis
(→ shadow price)

imputed rent kalkulatorische Miete, unterstellte M. (z.B. k. Miete für Eigen-
heime in der VGR / vgl. imputation)

imputed transaction unterstellte Transaktion (vgl. imputation)

incentive (sb) Anreiz, leistungsfördern-
der Faktor, l. Maßnahme

incidence Vorkommen, Häufigkeit; Eintreten; Auswirkung, Inzidenz

income 1) Einkommen 2) Ertrag/Erträge
(BU)

income analysis (Volks-)Einkommens-
analyse

income bracket Einkommensstufe

income determination (Volks-)Einkom-
mensbestimmung (Bestimmung der
Höhe des Volkseinkommens durch
gesamtwirtsch. Nachfrage und Angebot)

income distribution Einkommensverteilung

income effect 1) mikroökonomischer
Einkommenseffekt (Wirkung einer
Preisveränderung auf das Realein-
kommen eines Haushaltes) 2) makro-
ökonomischer Einkommenseffekt
(Wirkung einer Veränderung einer
exogenen Variablen – Investition,
Export – auf das Volkseinkommen)

income elasticity (of demand) Einkommenselastizität (der Nachfrage) (vgl.
elasticity)

income gearing (Br) Hebelwirkung des
Fremdkapitals (Änderungen im Brut-
togewinn führen bei Fremdkapitalein-
satz zu disproportionalen Änderungen
in der Ertragslage des Eigenkapitals)

incomes policy Einkommenspolitik
(staatliche Beeinflussung von Löhnen, Preisen, Dividenden zum
Zwecke der Inflationsbekämpfung)

income statement (Am) Verlust- und
Gewinnrechnung

income tax bracket Einkommenssteuerstufe, Progressionsstufe

income velocity (of money) Umlaufgeschwindigkeit, Transaktionshäufigkeit (des Geldes) im Einkommenskreislauf (d.h. bezogen auf die Transaktionen der gesamtwirtschaftlichen Endnachfrage bzw. auf das Volkseinkommen)

increasing returns to scale zunehmende Skalenerträge, z. Niveaugrenzprodukt (→ returns to scale)

increment Zunahme, (Wert-)Zuwachs, Mehrertrag; Erhöhung

incremental capital output ratio Grenzkapitalkoeffizient (vgl. output ratio)

incremental cost(s) Grenzkosten

increment of income Einkommenszuwachs

independent variable exogene Variable (→ exogenous v.)

indexing → index linking

index linking Indexbindung, Indexkoppelung, Indexierung (verschiedene Formen der Abhängigkeit der effektiven Höhe einer vereinbarten Geldleistung – Lohn, Miete usw. von einem Index – meist vom Lebenshaltungs-Preisindex – zum Zwecke der Wertsicherung/vgl. sliding scales; vgl. threshold payments; vgl. escalator clause)

index of retail prices Lebenshaltungs-Preisindex, Index der Verbraucherpreise

indicator (häufig) → economic indicator

indifference curve Indifferenzkurve (geometr. Ort aller Gütermengenkombinationen – bei zwei Gütern – die für einen Haushalt denselben Nutzen stiften / z.T. auch für → isoquant verwendet)

indifference hyper-surface Indifferenzhyperebene (bei mehr als drei Gütern / vgl. indifference surface)

indifference map Indifferenzkurvenschar

indifference surface Indifferenzebene (geometrischer Ort aller Gütermengenkombinationen – bei drei Gütern – die für einen Haushalt denselben Nutzen stiften)

indirect tax indirekte Steuer, Vorschußsteuer (St., bei der Steuerzahler und Steuerträger nicht identisch sind, die daher überwälzt werden kann / z.B. Mehrwertsteuer / G: → direct tax)

indivisibility Unteilbarkeit (Eigenschaft eines Gutes, nur ganz und in einem verbraucht werden zu können / z.B. von Kapitalgütern in einer Produktionsfunktion)

induced → endogenous

induced investment induzierte, abgeleitete, nicht autonome, einkommensabhängige Investitionen (Gegensatz → autonomous investment)

industrial classification Aufgliederung nach Wirtschaftszweigen, Branchenklassifikationsschema

industrial conflict Arbeitskonflikt

industrial democracy industrielle Demokratie, Wirtschaftsdemokratie (Arbeitermitbestimmung im umfassendsten Sinn)

industrial health Gesundheitsschutz (für Arbeitnehmer)

industrial relations „industrielle Beziehungen", Arbeitgeber-Arbeitnehmer B. (überbetriebliches System der Regelung von Konflikten zwischen Arbeitgebern bzw. Arbeitgeberverbänden und Arbeitnehmerorganisationen)

industrial union Industriegewerkschaft (Einheitsgewerkschaft für alle Arbeitnehmer in einem bestimmten Wirtschaftszweig)

industry 1) Fleiß, Emsigkeit, Tätigkeit; Wirtschaftstätigkeit 2) Wirtschaftszweig, Sparte, -wirtschaft 3) (Fertigungs-)Industrie

inequality 1) Ungleichheit 2) Ungleichung

infant industry junge Industrie, j. Wirtschaftszweig (W. im frühen Entwicklungsstadium)

infant industry argument Erziehungsargument, Schutzzollargument für junge Industrien

inferior good inferiores Gut (Gut mit negativer Einkommenselastizität / z.B. Grundnahrungsmittel, für das die Nachfrage bei steigendem Einkommen fällt)

inflation accounting „inflationsbereinigte Buchhaltung" (Buchhaltungs- und Bilanzierungsmethoden, die der Geldwertverdünnung bes. in den Jahres- bzw. Zwischenabschlüssen in irgendeiner Form Rechnung tragen)

inflationary gap expansive Lücke, inflatorische L., Inflations-L. (Differenz zwischen höherer gesamtwirtschaftlicher Nachfrage und gesamtw. Angebot)

inflation-proofing Inflationsabsicherung, Valorisierung (vor allem des versteuerten Nettoeinkommens)

inflection point Wendepunkt (Übergang einer Funktion von einer konvexen in eine konkave Krümmung oder umgekehrt)

inheritance tax (Am) Erbanfallsteuer (Bemessung nach der den einzelnen Erben zufallenden Anteilen)

initial allowance (Br) Anfangssonderabschreibung (Form der vorzeitigen Abschreibung)

injection Hinzufügung, Einschluß, (autonome) Expansionsgröße (z.B. Investition, Exporte, Ausgaben öffentl. Haushalte / G: → withdrawal)

in-migration regionale Zuwanderung (G: → immigration – zwischenstaatliche Einwanderung)

input 1) Faktoreinsatz (-menge) (→ primary input) 2) Vorleistung (→ intermediary input) 3) Systeminput 4) Zugangseinheiten) (Warteschlagentheorie)

input coefficient Vorleistungskoeffizient (Vorleistungen + Primäraufwendungen : Bruttoproduktionswert eines Wirtschaftszweiges)

inside lag Instanzverzögerung, Innenv. (Zeitspanne zwischen dem Notwendigwerden einer – wirtschaftspoliti-

schen – Maßnahme und dem Treffen dieser Maßnahme)

institutional investor institutioneller Anleger, Kapitalsammelstelle (z.B. Versicherungsgesellschaft, Investmentfonds, . . .)

instrument variable Instrumentalvariable (→ policy variable)

intangible assets immaterielle Vermögenswerte, i. Anlagevermögen, i. Wirtschaftsgüter

intangibles (sb) immaterielle Effekte, Imponderabilien (Elemente in Kosten-Nutzenrechnung, die keinen Marktpreis haben und sehr schwer zu bewerten sind)

integer (sb) ganze Zahl (MAT)

integer programming ganzzahlige Planungsrechnung (P., in der nur ganzzahlige Lösungen zugelassen sind)

integral multiple ganzzahliges Vielfaches

interaction Zusammenspiel, gegenseitige Beeinflussung

intercensal estimate Fortschreibung (STAT)

intercept Abschnitt (auf einer Koordinatenachse)

interest 1) Beteiligung, Kapitalanteil, Geschäftsanteil, Unternehmen, an dem jemand Anteile besitzt 2) Zinsen 3) Vorteil, Nutzen, Nutznießung, Recht

interest bearing verzinslich, zinstragend

interest ceiling (Haben-) Zinsenobergrenze

interest equalisation tax (Am) Zinsausgleichssteuer (zwischen 1964 und 1974 erhobene Steuer auf den Erwerb von ausländischen Wertpapieren zur Verminderung des privaten Kapitalabflusses)

interest sensitivity Zinsreagibilität

interference Einmischung, Intervention

inter-firm comparison zwischenbetrieblicher Vergleich

inter-industry analysis Theorie der interindustriellen Verflechtung, Input-Output-Analyse

interlocking directorates Überkreuzverflechtung (personelle Verflechtung der Führungsgremien der Aktiengesellschaften / vgl. board of directors)

intermediate input Vorleistung(en), intermediärer Input (im Produktionsprozeß eines Unternehmens bzw. eines Sektors verbrauchte von anderen Unternehmen bzw. Sektoren bezogene Güter)

intermediate lag Anlaufverzögerung (Zeitspanne zwischen dem Treffen einer – wirtschaftspolitischen – Maßnahme und dem Beginn ihrer Auswirkung)

intermediate output intermediärer Ausstoß, Vorleistung

intermediate product Vorprodukt, Halbware, Halbfabrikat (→ semi-manifactured goods)

intermediation Transformationsleistung (en) der Finanzintermediäre (Umwandlung der Stückelung, Fristigkeit usw. von Forderungen bzw. Schulden als Vermittlerfunktion zwischen Kreditnehmern und -gebern / vgl. financial intermediary)

internal economies of scale interne – d.h. im Rahmen der Produktionsveranstaltung selbst erzielte – Kostendegression (vgl. economics of scale)

internal effects interne Effekte (die den Verursacher einer wirtschaftlichen Disposition betreffenden privaten Erträge oder Kosten / G: → externalities)

internalisation Internalisierung (bes. von volkswirtschaftlichen Kosten – → social costs – durch Aufnahme als Kostenelement in die private Kostenrechnung des Verursachers)

internalise internalisieren (vgl. internalisation)

internal price Verrechnungspreis (→ transfer price)

internal rate of return interner Zinsfuß (Z., bei dem der Barwert der Auszahlungen gleich dem Barwert der Einzahlungen einer Investition ist)

international economics Außenwirtschaftstheorie (und -politik), Theorie der internationalen Wirtschaftsbeziehungen

international multiplier internationaler Multiplikator, Multiplikator einer offenen Volkswirtschaft (Meßzahl, die angibt, das Wievielfache einer autonomen Änderung in der volkswirt. Nachfrage die dadurch induzierte Änderung im Volkseinkommen beträgt / berücksichtigt die Importquote, teilweise auch die → foreign reprecussions / G: → closed economy multiplier)

international settlements internationaler Zahlungsausgleich

interregional multiplier interregionaler Multiplikator (→ international multiplier in der Regionalanalyse / berücksichtigt auch die → foreign repercussions)

intersection 1) Schnitt (z.B. zweier Kurven) 2) Durchschnitt, ∩ (MAT/Mengenlehre)

interval estimation Intervallschätzung, Hypothesentestung (STAT)

intrinsic oscillations endogene Schwingungen (vgl. endogenous, vgl. oscillation)

intrinsic value (stofflicher) Eigenwert, Substanzwert (z.B. einer Münze / G: → face value)

inutility Nutzlosigkeit (Grenzpunkt zwischen → utility und → disutility)

inventory (Am) Lager(bestand)

inventory accumulation Lageraufbau, Aufbau der Lagerbestände

inventory decumulation Lagerabbau, Abbau der Lagerbestände

inventory investment Lagerinvestition(en)

inventory policy (Am) Lagerpolitik

inventory turnover → stock turnover

inventory valuation adjustment Wertberichtigung zum Vorratsvermögen (Lagerbeständen)

inverse of a matrix invertierte Matrix, inverse Matrix

investment 1) Investition (Realkapitalbildung, vermögenswirksamer Vorgang, vermögenswirksame Transaktion 2) Investment, Veranlagung (Finanzkapitalbildung)

investment account Vermögensrechnung, Vermögensveränderungskonto (VGR)

investment allowance (Br) → capital allowance

investment anticipation erwartete Höhe der Investition(en), ex-ante Investition

investment appraisal Investitionsrechnung

investment goods Investitionsgüter, Kapitalgüter

investment grant (Br) Investitionsprämie (die unabhängig von dem Bestehen einer Steuerschuld bezahlt wird)

investment multiplier Investitionsmultiplikator, Keynes-M. (quantifiziert die Wirkung einer autonomen Änderung in der Investition auf das Volkseinkommen / vgl. multiplier)

investment outlet Anlagemöglichkeit, Investmentmedium

investment ratio Investitionsquote (Investitionen als Prozentsatz des Volkseinkommens)

investment schedule Investitionstabelle (tabellarische Darstellung des Zusammenhangs zwischen Einkommen und Höhe der Investition), Investitionsfunktion

investment tax credit (Am) Steuerabzug für Investitionen, Investitionsprämie, (die aber nur bei Bestehen einer Steuerschuld wirksam werden kann)

investment trust (Br) Investmentfonds (Gesellschaftstypus)

investor's yield → internal rate of return

invisible balance Bilanz, Saldo des Dienstleistungsverkehr (mit dem Ausland)

invisible hand „die unsichtbare Hand" (bildl. Ausdruck für die Selbststeuerung der Marktwirtschaft, in der die Handlungen der Individuen trotz eigennütziger Zielsetzung zu einem Maximum an gesellschaftl. Wohlfahrt führen sollen)

invisible exports „unsichtbare" Exporte, aktive Dienstleistungen (ZB)

invisible imports „unsichtbare" Importe, passive Dienstleistungen (ZB)

invisibles „unsichtbare" Exporte und Importe, Dienstleistungsverkehr mit dem Ausland

invitation for tenders Ausschreibung, Einladung zur Angebotslegung

invitation to tender Ausschreibung, Einladung zur Angebotslegung

involuntary saving Zwangssparen (→ forced saving)

iron law of wages ehernes Lohngesetz (Lohntheorie, nach der der Durchschnittslohn das Existenzminimum auf die Dauer nicht überschreiten kann)

irredeemable 1) nicht ablösbar, nicht tilgbar, „ewig" (Rente) 2) nicht vor Fälligkeit kündbar (Staatsschuldverschreibung) 3) nicht einlösbar (Papiergeld)

isocost line Isokostenlinie, Isotim (geom. Ort aller Faktorkombinationen bei zwei Faktoren, die für eine gegebene Kostensumme bei konstanten Faktorpreisen beschafft werden können / vgl. budget line)

isodapane Isogesamttransportkostenlinie (geom. Ort aller Punkte mit gleicher Gesamttransportkostenbelastung für eine Input- und Outputeinheit eines Gutes; Summe der relevanten Isotims)

iso-expenditure line Budgetlinie (→ budget line)

isolated selling homogenes Monopol (→ pure monopoly)

isoquant Isoquante, Isoprodukt-Kurve (geom. Ort aller Faktorkombinationen bei zwei Faktoren, die zum selben Produktionsergebnis je Zeiteinheit führen)

isoquant map (graphische Darstellung einer) Isoproduktkurvenschar (vgl. isoquant) isotim 1) Isotim (Kosten- bzw. Ausgabenindifferenzkurve / → budget line; → isocost line) 2) Isotransportkostenlinie (geometr. Ort aller Punkte, von denen aus die Transportkosten für eine bestimmte Wareneinheit − Input oder Output − gleich sind)

iso-utility curve Indifferenzkurve (→ indifference curve)

J

jaw-bone (jaw-boning) Wirtschaftssteuerung durch Überredung, „Seelenmassage"

J-curve J-Kurve (anschaulicher Ausdruck für eine linksschiefe Kurve mit negativem Anstieg; Hyperbelast / z.B.: graphische Darstellung der Reaktion der Leistungsbilanz auf eine Abwertung: eine unmittelbare Verschlechterung gefolgt von einer stärkeren Verbesserung)

jelly → malleable capital

job satisfaction Arbeitszufriedenheit

joint demand verbundene Nachfrage (Nachfrage nach komplementären Gütern / z.B. Auto-Benzin)

joint product Kuppelprodukt

joint profit hypothesis Hypothese der gemeinsamen Gewinnmaximierung (Theorie des Oligopols)

joint stock company 1) (Br) Kapitalgesellschaft 2) (Am) OHG auf Aktien

joint venture „Joint Venture", Arbeitsgemeinschaft, Bietungsgemeinschaft, Konsortium, Gemeinschaftsprojekt, gemeinsame Tochter (-gesellschaft)

K

K → (investment) multiplier

kickback illegale provisionsähnliche Zahlung (des Verkäufers einer Leistung an jemanden, der durch seinen Einfluß beim Käufer den Verkauf ermöglicht / z.B. Lieferant an Leiter der Beschaffungsabteilung, Arbeitnehmer an Gewerkschaftsfunktionär, dem er den Arbeitsplatz verdankt)

kind (in) → payment in kind

kinked demand curve geknickte Nachfragekurve, -funktion, g. Preisabsatzfunktion (der Knick entsteht dadurch, daß in einem Oligopol bei einer Preiserhöhung durch eine Firma der Absatz dieser Firma rasch fällt, weil die Konkurrenz nicht mitgeht, daß er aber bei einer Senkung langsamer wächst,weil die Konkurrenz mitgeht)

kinky demand curve → kinked demand curve

knife-edge equilibrium „instabiler" Wachstumspfad (Wachstumstheorie / Harrod)

knife-edge problem Problem des „Wachstums an des Messers Schneide" („instabiler" Gleichgewichtspfad des Einkommens / Wachstumstheorie)

Kondratieff cycle Kondratieff Zyklus (langwelliger Konjunkturzyklus)

L

labour 1) (der Produktionsfaktor) Arbeit 2) Arbeitskräfte 3) Arbeiterschaft 4) (schwere) Arbeit, Mühe

labour cost(s) Lohnkosten, Arbeitskosten

labour economics volkswirtschaftliche Theorie(n) der Arbeit

labour force 1) Arbeitskräftepotential, (etwa) Erwerbsbevölkerung (vgl. working population) 2) Belegschaft (eines Unternehmens), Beschäftigungszahl (in einer Branche)

labour-output ratio Arbeitsproduktivität (-skoeffizient)

labour productivity Arbeitsproduktivität (etwa: Ausstoß je geleistete Arbeitsstunde)

labour slowdown (Am) Bummelstreik

labour's share Lohnquote (prozentueller Anteil der Löhne am Volkseinkommen) labour theory of value Arbeitswerttheorie (Ricardo, Marx)

labour turnover (rate of) Fluktuationsziffer (Zahl der entlassenen Arbeitskräfte als Prozentsatz der Durchschnittsbelegschaft einer Periode)

labour union (Am) Gewerkschaft

labour unit Arbeitseinheit (Einheit zur theoretischen Messung des inhomogenen Produktionsfaktors Arbeit)

lag „Lag", Wirkungs-, Reaktionsverzögerung, „Reaktionszeit", verzögerte Anpassung, (negative) Phasenverschiebung (eine im Zeitabschnitt t erfolgte Beeinflussung einer ökonomischen Größe wirkt sich erst im Zeitraum t + 1 – oder in den Zeiträumen t + n – aus)

lagged consumption function verzögerte Konsumfunktion (vgl. lag; vgl. consumption function)

lagged output term verzögerte Ausstoßvariable (vgl. lag)

lagged variable verzögerte Variable (vgl. lag)

laggers → lagging indicators

lagging indicator Spätindikator, verzögerter Indikator (volkswirtschaftliche Kennzahl – z.B. Konsumgüterpreise –, die den Konjunkturablauf mit einer gewissen Verzögerung widerspiegelt)

lag weights „Lag"-Gewichte (Gewichte für die einzelnen Perioden eines → distributed lag)

lame duck (Br) nicht lebensfähige Firma

large-scale (adj) in großem Umfang, in großem Maßstab

large-scale production Massenproduktion

law of diminishing marginal utility Gesetz vom abnehmenden Grenznutzen, erstes Gossensches Gesetz (erfaßt den Nutzenverlauf bei steigendem Konsum eines Gutes)

law of diminishing returns Gesetz vom abnehmenden Ertragszuwachs, Ertragsgesetz (im engeren Sinn) (erfaßt den Ertragsverlauf bei mindestens einem fixen und einem variablen Faktor im Bereich der abnehmenden Grenzerträge / vgl. law of variable proportions)

law of indifference Prinzip der Preisunterschiedslosigkeit (Prinzip, daß es bei vollkommener Konkurrenz nur einen Preis geben kann)

law of large numbers Gesetz der großen Zahl

law of variable proportions Ertragsgesetz im weiteren Sinn (erfaßt den gesamten Ertragsverlauf bei mindestens einem fixen und einem variablen Faktor, d.h. im Bereich der zunehmenden Grenzerträge und im Bereich abnehmender Grenzerträge / vgl. law of diminishing returns)

lay off (vb) (vorübergehend) entlassen

lay-off (layoff) (vorübergehende) Entlassung

lay-off rate Prozentsatz der entlassenen Arbeitskräfte

LDC / ldc → less developed country

leaders → leading indicators

leading indicator prognostischer Indikator, Frühindikator (volkswirtschaftliche Kennzahl mit konjunkturprognostischen Eigenschaften)

leading sector Wirtschaftssektor, in dem sich primär Wachstumsimpulse bemerkbar machen

leads and lags (positive und negative) Phasenverschiebung (bes. Vorziehen und Hinausschieben von Zahlungsterminen im Außenhandel im Zusammenhang mit erwarteten Paritätsänderungen)

lead time Lieferzeit (Bestellung – Lieferung)

leak (sb) 1) Durchsickern von Informationen, Indiskretion 2) → leakage

leakage „Leck", „Versickerungsgröße", „Abwanderung (von Nachfrage)" (bildl. Ausdruck für autonome Stillegungen)

least common multiple das kleinste gemeinsame Vielfache (MAT)

least outlay combination Minimal(faktor)kostenkombination

least-square bias Kleinstquadratbias,
-verzerrung (Eigenschaft einer
Kleinstquadratschätzfunktion zu un-
ter- oder zu überschätzen / STAT)
least-square estimator Kleinstquadratschätzfunktion (STAT)
least square(s) method Methode der
kleinsten Quadrate (STAT)
leets → malleable capital
legal reserve requirements (Am) Mindestreserven (-erfordernis) (→ required
reserves)
legal tender gesetzliches Zahlungsmittel
leisure Muße, Freizeit
lender Kreditgeber
lender of last resort Kreditgeber letzter
Instanz (Rolle der Zentralbank als
letztverantwortliche Instanz für die
Liquiditätsvorsorge im Bankwesen)
lending Kreditvergabe, Kreditgeschäft
lending rate Sollzinssatz
less developed country Entwicklungsland
level 1) Niveau, Höhe 2) absoluter Wert
(G: → ratio / Verhältniszahl)
level of technology Stand der Technik
levels function Funktion mit absoluten
Werten (G: → ratio function)
leverage (Am) → income gearing;
→ operational g.
liabilities Passiva, Verbindlichkeiten
liability Verbindlichkeit, Verpflichtung;
Verantwortlichkeit, Haftung; Haft-
pflicht; Passivposten
life (of an asset) Lebensdauer (eines Anlagegutes)
life-cycle hypothesis Lebenszyklushypo-
these (Konsumtheorie, die das Konsumverhalten aus dem Gesamtvermö-
gen und dem − erwarteten − Gesamteinkommen während des Bestandes
einer Konsumeinheit − Familie/Haus-
halt − ableitet)
limit Grenze; Grenzwert; Limes
limitational inputs limitationale Inputs
(d.h. nicht − oder nicht vollständig −
substituierbare Inputs)
limited partnership Kommanditgesell-
schaft
limiting case Grenzfall

linear function lineare Funktion (F., deren Werte graphisch dargestellt eine
Gerade ergeben)
linearise (Gleichung) linear machen,
linearisieren
line of equality Gleichheitslinie, Linie
der völligen Gleichheit, 45-Grad Linie (z.B. die graphische Darstellung
der völligen Einkommensgleichheit
im Lorenzkurvendiagramm)
linkage Verflechtung, Verbindung (vor
allem in IN/OUT)
liquidity balance Liquiditätsbilanz
(Grundbilanz → basic balance + kurzfristiger Kapitalverkehr ohne Devisenpositionen der Geschäftsbanken / ZB)
liquidity ratio Liquidität 2. Grades (der
engl. Geschäftsbanken vor 1971)
liquidity trap Liquiditätsfalle (bildl. Ausdruck v. Keynes für die Hypothese,
daß unter einer bestimmten Mindest-
höhe des Zinssatzes jede Geldmenge,
die nicht für Transaktionszwecke be-
nötigt wird, in die Spekulationskas-
se wandert, d.h. nicht veranlagt wird /
Liquiditätstheorie)
loan capital Fremdkapital
loan-market line Kreditmarktlinie (geom.
Ort aller möglichen Kombinationen
von Gegenwartsverbrauch und Zu-
kunftseinkommen bei gegebenem Kapital)
location Standort
location quotient Standortsquotient
(Maß für die Exporttätigkeit eines
Wirtschaftszweiges, einer Region /
L.Q. > 1 bedeutet, daß exportiert
wird)
location theory Standorttheorie
lockout (sb) Aussperrung (von Arbeitern)
locus (geometrischer) Ort
logarithmic scale logarithmischer Maßstab
long run (sb) „langer" Zeithorizont
(Zeitraum, in dem die Einsatzmengen
aller Produktionsfaktoren variabel
sind, der Stand der Technik sich aber

nicht ändert / „in the long run" –
auf lange Sicht)

long-run (adj) langfristig, auf lange Sicht

long-run multiplier dynamischer Multiplikator (→ dynamic m.)

loop (Rückkopplungs-) Schleife (→ feedback)

loophole Schlupfloch, Lücke (bes. in den Maschen der Steuergesetzgebung)

Lorenz curve Lorenzkurve (graphische Darstellung der Einkommensverteilung, die zeigt welche Anteile am Volkseinkommen jeweils auf welchen Anteil der nach ihrer Einkommenshöhe gestaffelten Einkommensempfänger entfallen)

low-cost housing (meist) sozialer Wohnbau

low-powered money Geld mit niedrigem Kreditschöpfungsmultiplikator

lump-of-labour fallacy Trugschluß, der auf der Annahme einer feststehenden Arbeitsmenge (bzw. Anzahl von Arbeitsplätzen) in einer Volkswirtschaft beruht

lump-sum tax Pauschalsteuer

M

M_1 → money supply 1
M_2 → money supply 2
M_3 → money supply 3

macro-dynamics makrodynamische Analyse (→ macro-economics → dynamics)

macro-economics Makroökonomie, Makroökonomik (wirtschaftswissenschaftl. Ansatz, nach dem gesamtwirtschaftliche Zusammenhänge auf der Basis von aggregierten Globalgrößen untersucht werden / G: → microeconomics)

mail transfer briefliche Auszahlung (Devisen)

make-work Arbeitsbeschaffungspraktiken der Gewerkschaften (z.B. durch Beharren auf arbeitsintensiven Methoden bzw. durch → featherbedding)

maladjustment Fehlanpassung

maldistribution Mißverteilung, schlechte Verteilung (z.B. schlechte Einkommensverteilung)

maldistributionist theory Theorie der nicht optimalen Verteilung (Konjunkturtheorie)

malleable capital homogen, unspezifisch, unendlich teilbar, beliebig verformbar gedachtes Produktionskapital (klass. Produktionsfunktion)

managed currency regulierte, manipulierte Währung (d.h. jede Währung deren Außenwert durch Interventionen der Zentralbehörden reguliert wird / vgl. fixed rate of exchange)

managed float „unsauberes Floaten" (→ dirty float)

man-hour geleistete Arbeitsstunde

manufacturing industries Fertigungsindustrie

map (vb) abbilden (MAT / Mengenlehre / vgl. mapping)

mapping Abbildung, Funktion (MAT / Mengenlehre: eine A. einer Menge A in eine Menge B ist eine Vorschrift, die jedem Element a ∈ A genau ein Element b ∈ B zuordnet)

margin 1) (Gewinn-, Handels-) Spanne 2) Spielraum 3) Hinterlegungssumme, Deckung, Einschuß (-zahlung) (Börse) 4) Grenze (vgl. marginal 1)) 5) (Rentabilitäts-) Grenze (vgl. marginal 2))

marginal 1) marginal, Grenz . . . (die Auswirkung einer kleinen Änderung – von einer Einheit bei diskreten Variablen und einer infinitesimalen bei kontinuierlichen Variablen – der autonomen auf die abhängige Variable betreffend / z.B. → marginal utility) 2) Grenz . . . (an einem -Rentabilitäts-Schwellenwert liegend / z.B. → marginal firm) 3) geringfügig

marginal borrower Grenznachfrager nach Kredit, Grenzkreditnehmer (vgl. marginal buyer)

marginal buyer Grenz-, Marginalkäufer, Grenz-, Marginalnachfrager (der letzte Nachfrager, der bei einem gegebe-

nen Preis gerade noch auf dem Markt
bleibt / vgl. marginal 2))

marginal capital output ratio Grenzkapitalkoeffizient (vgl. capital output
ratio)

marginal cost(s) Grenzkosten (vgl. marginal 1) / autonome Variable: Ausbringungsmenge)

marginal costing Grenzkostenrechnung

marginal cost pricing Grenzkostenkalku-
lation

marginal disutility of labour Grenzleid
der Arbeit (der durch einen infinitesimalen Zuwachs in der Arbeitsmenge für den Arbeiter gestiftete negative Nutzen / vgl. marginal 1))

marginal efficiency of capital „Grenz-
effizienz des Kapitals", „Grenzproduktivität des K.", interner Zinsfuß
(vgl. internal rate of return)

marginal firm Grenzbetrieb (B., der bei
gegebenem Kosten- und Preisniveau
gerade noch kostendeckend arbeitet/
vgl. marginal 2))

marginalism marginale Betrachtungswei-
se, grenztheoretische Methode, g. Ansatz, g. Schule (vgl. marginal 1))

marginalist Vertreter der marginalen Be-
trachtungsweise (z.B. eine Grenz-
nutzler)

marginal land Grenzboden (B., der bei
gegebener Produktivität und gegebenem Preis einen mit seinen Erlösen
gerade noch in der Lage ist, seine Kosten zu decken / vgl. marginal 2))

marginal lender Grenzanbieter von Kredit, Geld; Grenzkreditgeber (vgl. marginal seller)

marginal physical productivity physische
Grenzproduktivität (reale, güterwirtschaftliche Größe / vgl. marginal
product)

marginal product Grenzprodukt, -ertrag,
(die aus einer Änderung der Einsatz-
menge(n) sich ergebende Änderung
des Produktionsergebnisses / vgl.
marginal 1))

marginal productivity Grenzproduktivität (vgl. marginal product; → marginal physical p.; → marginal revenue p.)

marginal productivity of capital interner
Zinsfuß (vgl. marginal efficiency of
capital; vgl. internal rate of return)

marginal productivity theory of wages
Grenzproduktivitätstheorie des Loh-
nes

marginal propensity to consume marginale Verbrauchsquote, Grenzhang
zum Verbrauch (Verhältnis einer mit
einer Änderung des Volkseinkommen
im Zusammenhang stehenden Änderung im Konsum zur Änderung im
Volkseinkommen / vgl. marginal 1))

marginal propensity to export marginale Exportquote, Grenzhang zum Export (Verhältnis der mit einer Änderung im Volkseinkommen im Zusammenhang stehenden Änderung in den
Exporten zu dieser Änderung im
Volkseinkommen / vgl. marginal 1))

marginal propensity to import marginale
Importquote (Verhältnis einer durch
eine Änderung im Volkseinkommen
induzierten Importänderung zur Änderung im Volkseinkommen / vgl.
marginal 1))

marginal propensity to save marginale
Sparquote, Grenzhang zum Sparen
(Verhältnis einer mit einer Änderung
im Volkseinkommen im Zusammenhang stehenden Änderung im Sparen
zur Änderung im Volkseinkommen /
vgl. marginal 1))

marginal rate of substitution Grenzrate
der Substitution (→ marginal 1) /
Austauschverhältnis zweier Güter
bzw. Produktionsfaktoren bei gleich-
bleibendem Gesamtnutzen bzw. Ge-
samtertrag)

marginal revenue Grenzerlös (→ marginal
1) / autonome Variable: Absatzmenge)

marginal revenue productivity monetäre
Grenzproduktivität (bewertete, monetäre Größe / vgl. marginal product)

marginals (sb) Grenzwerte, Grenzraten,
Veränderungsraten im Grenzbereich

marginal seller Grenz-, Marginalverkäu-
fer, Grenz-, Marginalanbieter / der
letzte Anbieter, der bei einem gege-

benen Preis gerade noch auf dem
Markt bleibt / vgl. marginal 2))

marginal significance Grenznutzen
(→ marginal utility)

marginal tax rate marginaler Steuersatz
(vgl. marginal 1) / autonome Variable: Einkommensstufen)

marginal theory of distribution Theorie
der Grenzproduktivität (Verteilungstheorie)

marginal utility Grenznutzen (die aus
einer Änderung des Konsums sich
ergebende Änderung des Gesamtnutzens / vgl. marginal 1))

margin of cultivation Grenze der Produktion (Thünen)

market basket Warenkorb, Waren- und
Dienstleistungskorb (art- und men-
genmäßige Zusammensetzung des
Verbrauchs einer repräsentativen
Konsumeinheit)

market share Marktanteil

market value Marktwert, Verkehrswert,
Kurswert

mark-up (markup) 1) Bruttogewinnspan-
ne (Differenz zwischen variablen
Stückkosten und Preis / deckt Gemeinkosten und Gewinn / ausgedrückt als Prozentsatz des Preises)
Kalkulationszuschlag 2) Preiserhöhung

matrices Matrizenrechnung

matrix algebra Matrizenalgebra

matrix notation Matrix-Schreibart

maturity 1) Fälligkeit, Verfall (-stag)
(z.B. Wechsel) 2) Laufzeit (bes. Obligationen, Kredite)

MC → marginal cost(s)

mean (sb) Mittelwert (STAT)

mean deviation (einfache) mittlere Abweichung (STAT / Streuungsmaß /
arithm. Mittel der Differenzen zwischen den Einzelwerten einer stat.
Reihe und einem Mittelwert)

means test Bedürftigkeitsnachweis, Nach-
weis bzw. Feststellung der Einkom-
mens- und Vermögensverhältnisse

measured income tatsächliches (ex-post
erfaßtes) Einkommen (Konsumtheorie)

measure of central tendency Mittelwert
(STAT)

measure of dispersion Streuungsmaß
(STAT / vgl. range; vgl. mean deviation; vgl. standard deviation)

measure of value Wertmaßstab (Funktion des Geldes)

MEC → marginal efficiency of capital

meccano set „Matadorbaukasten" (bild-
licher Ausdruck für das homogen und
beliebig teilbar und umformbar gedachte Produktionskapital / vgl. auch
malleable capital)

median Median, Zentralwert (STAT)

medium of exchange Tauschmittel,
Transaktionsm. (Funktion des Geldes)

member banks (Am) „Mitgliedsbanken"
(Geschäftsb., die dem Zentralbanksy-
stem angeschlossen und Eigentümer
des Kapitals der Federal Reserve
Banks sind / vgl. Federal Reserve
System)

merchant bank (Br) Merchant Bank (eine
am besten nicht übersetzte Bezeichnung für Bankhäuser, die auf einigen
oder auf allen der folgenden Gebiete
tätig sind: Außenhandelsfinanzierung,
Investitions- und Finanzberatung,
Wertpapieremissionsgeschäft, Euro-
Dollar-Transaktionen)

merger Fusion, Verschmelzung (durch
Aufnahme)

merit want meritorisches Bedürfnis,
quasi-öffentliches Bedürfnis (B., das
im Prinzip auch durch den Markt befriedigt werden kann, dessen Befriedigung aber wegen seiner gesellschaftlichen Bedeutung zumindest zum Teil
durch öffentliche Leistungen erfolgt /
z.B. durch kostenlose Bildungsein-
richtungen / vgl. social want; vgl. private want)

micro-economics Mikroökonomie, Mik-
roökonomik (wirtschaftswissenschaftl. Ansatz, nach dem einzelwirt-
schaftliche Erscheinungen – Haushalte, Märkte etc. – untersucht werden /
G: → macro-economics)

migration Wanderung (Bevölkerungslehre)

minimum lending rate (Br) Mindestzins-
satz der Bank von England für Rediskont und Lombardkredite an die Diskonthäuser (meist abhängig vom
Zinssatz für Schatzwechsel und damit
praktisch die der Leitzinssatzfunk-
tion entkleidete → bank rate, die
1972 offiziell abgeschafft wurde)

minimum reserve assets ratio Mindest-
oder Pflichtliquidität, Pflichtreserve
(Prozentsatz an näher bestimmten
verhältnismäßig liquiden Reserven,
die die Geschäftsbanken zur Siche-
rung ihrer Liquidität halten müssen /
G: → minimum reserves)

minor (sb) Unterdeterminante (Matrizenrechnung)

misallocation Fehlleitung, Fehllenkung
(bes. von Produktionsfaktoren),
Fehlinvestition(en)

mix Mischung (qualitative und quantitative) Zusammensetzung (z.B. des Pro-
duktionsprogrammes)

MLR → minimum lending rate

mode Modalwert, dichtester/häufigster
Wert (STAT)

monetarism Monetarismus (volkswirtschaftliche Schule, Lehrmeinung,
nach der die Geldmenge eine Schlüs-
selrolle im Wirtschaftsprozeß spielt)

monetary base monetäre Basis (Bestand
an Zentralbankgeld bei den Geschäftsbanken und den Nichtbanken
– ohne Zentralbankeinlagen des öffentlichen Sektors / Banknotenum-
lauf plus Einlagen der Banken bei der
Zentralbank / Indikator der Zentral-
bankpolitik)

monetary correction System der Wertsi-
cherung (bes. für Löhne, Pensionen,
Spareinlagen und Staatsschuldverschreibungen) durch Indexkoppelung
in Brasilien

monetary economics Geldtheorie und
-politik

monetary flow monetärer Strom, Geld-
strom (vgl. flow; vgl. real flow)

monetary policy Geld- und Kreditpolitik
(nicht einheitl. gefaßter Begriff / im
engeren Sinne: Notenbankpolitik –
Bankrate, Offenmarktoperationen,
Mindestreserven, Weisungen – / im
weiteren Sinne Währungspolitik unter
Einschluß der Wechselkurspolitik)

monetary reserves Währungsreserven
(Gold-, konvertierbare Devisen- und
Sonderziehungsrechtebestände der
Zentralbank)

monetary theory Geldtheorie

monetary variable monetäre Variable,
währungspolitische Größe

monetary wealth Geldvermögen

money economy Geldwirtschaft

money flow monetärer Strom (vgl. flow)

money market assets Geldmarktobjekte
(Geldmarktkredite und -papiere)

money output monetär bewertete Produktionsmenge

money stock → money supply

money substitute Geldsurrogat

money supply (M1) Geldvolumen der
Wirtschaft, Geldmenge (Gesamtbe-
stand der sich im Nichtbankensektor
befindlichen Noten, Münzen und
Sichteinlagen ohne Zentralbankeinlagen öffentl. Haushalte)

money supply (M2) Geldmenge (weitere
Definition) (→ M1 plus Termin- und
Spareinlagen)

money supply (M3) Geldmenge (weite-
ste Definition) (→ M2 plus → certifi-
cates of deposits und marktgängige
Staatspapiere)

money supply concept Geldgesamtheit,
Geldmengenbegriff, -definition

money supply expansion multiplier
Kreditschöpfungsmultiplikator, Geldschöpfungsm. (→ credit multiplier)

monopolistic competition monopolisti-
sche Konkurrenz, heterogene K.,
Surrogatsk. (polypolistisch-heterogene K., d.h. viele Anbieter, heterogene Güter)

monopsony Monopson (Nachfragemono-
pol)

moonlighting Schwarzarbeit, Mehrfach-
beschäftigung

moral suasion Wirtschaftssteuerung
durch Überredung, „Seelenmassage"

mortgage (besitzloses) Pfandrecht (wirtschaftlich mit ähnlicher Funktion
wie deutsche) Hypothek, Grund-
schuld, Grundpfandrecht

moving average gleitender Durchschnitt
(STAT)

moving parity gleitende Parität (→ crawling peg)

MPC → marginal propensity to consume

MPP → marginal physical product

MPS → marginal propensity to save

MRP → marginal revenue product

MRS → marginal rate of substitution

multi-collinearity Multikollinearität
(→ collinearity)

multi-industry firm → conglomerate

multi-market firm → conglomerate

multiple regression multiple Regression,
Mehrfachregression (Beziehung zwischen mehreren erklärenden und
einer Zielvariablen / vgl. regression /
G: → simple regression)

multiplier Multiplikator (Meßzahl, die
angibt, das Wievielfache der autonomen Änderung einer Variablen – z.B.
Investition, Barreserve von Banken,
Fremdkapital – die dadurch induzierte Änderung einer abhängigen Variablen – z.B. Volkseinkommen, Geldmenge, Eigenkapitalrendite – beträgt)

multiplier effect Multiplikatoreffekt
(Wirkung des → multiplier / häufig:
die disproportionale Wirkung einer
autonomen Änderung der volkswirtschaftl. Nachfrage – Investitionen,
Konsum, Steuern – auf das Volkseinkommen / unter bestimmten Voraussetzungen beträgt die Änderung des
Volkseinkommens ein Vielfaches der
primären Änderung)

multi-quadrant aggregative model mehr-
quadrantisches Aggregationsmodell

multi-valued function mehrwertige
Funktion

mutual fund (Am) Investmentfonds (mit
offener Kapitalstruktur)

N

naive model naives (d.h. nicht axiomati-
siertes, sd. nur auf Plausibilitätsüber-
legungen beruhendes) Modell

naive multiplier → closed economy multiplier

naive set theory naive (d.h. nicht axio-
matische) Mengenlehre

national budget Nationalbudget (volkswirtschaftliche Gesamtrechnung ex-
ante)

national debt (Br) Staatsschuld

national dividend → national income

national income 1) (weiterer Sinn) Überbegriff für alle nationalen Einkom-
mens- bzw. Produktbegriffe (vom
Bruttosozialprodukt bis zum disponiblen Volkseinkommen) 2) (engerer
Sinn) Volkseinkommen (Nettonationalprodukt zu Faktorpreisen / → net
national product)

national income accounting Volksein-
kommensrechnung

national income accounts budget (Bun-
des-) Budget auf der Basis der volkswirtschaftl. Gesamtrechnung

nationalisation Verstaatlichung, Soziali-
sierung

national product Nationalprodukt, Sozialprodukt, Inländerprodukt (Produktionsergebnis der Produktionsfaktoren im Besitz von Inländern unabhängig von ihrem geographischen
Standort / Inlandsprodukt plus Faktoreinkommen aus dem Ausland minus Faktoreinkommen an das Ausland)

national wealth Volksvermögen

natural increase natürlicher Bevölkerungs-
zuwachs

natural interest rate natürlicher Zins,
originärer Z. (-hypothetischer Zinssatz, der sich aus dem Tausch von Ge-
genwartsgütern in Zukunftsgütern

ohne Geldvermittlung ergeben würde/ Wicksell)

near money geldnahe Forderung(en), Quasigeld, Geldsubstitut (unterschiedlich weit gefaßter Begriff / wichtigste Komponenten: Spareinlagen, Kündigungsgelder, marktgängige Staatspapiere)

negative income tax negative Einkommensteuer (Erweiterung der progressiven E. nach unten hin in der Weise, daß Bedürftige unter einer bestimmten Einkommensgrenze nicht nur keine Steuer bezahlen, sondern progressiv gestaffelte Transferzahlungen erhalten)

negative investment → disinvestment 1); → 2)

neighbourhood effects Externalitäten (→ externalities)

net netto, saldiert, . . . saldo; Netto . . . , Rein . . . (häufig: nach Abzug der Steuern, nach Abzug der Abschreibung)

net (vb) (netto) verdienen, einstreifen; abwerfen

net back (vb) von einem Bruttobetrag (durch Abzug der entsprechenden Posten) auf den Nettobetrag zurückrechnen

net-back calculation Rückrechnung im Sinne von → net back

net economic welfare (Samuelson) bereinigte ökonomische Wohlfahrt (Maßstab: reales Bruttonationalprodukt pro Kopf unter Berücksichtigung gewöhnlich vernachlässigter Posten, wie Hausfrauenleistungen, Freizeit, Umweltverschmutzung, etc. . . .)

net exports Außenbeitrag (Leistungsbilanzsaldo)

net factor income from abroad Saldo der Faktoreinkommen an das Ausland und Faktoreinkommen aus dem Ausland

net financial investment Finanzierungssaldo (VGR / Finanzierungsrechnung)

net flow Nettoleistung (vgl. flow)

net foreign investment (Änderung in der) Nettoauslandsposition (Außenbeitrag → net exports plus/minus unentgeltliche Leistungen)

net in-migration positiver Wanderungssaldo (→ in-migration minus → out-migration)

net investment Nettoinvestition (Bruttoinvestition minus Abschreibung)

net national product at factor prices Nettonationalprodukt, Nettosozialprodukt zu Faktorpreisen, Volkseinkommen (→ net national product at market prices minus indirekte Steuern plus Subventionen)

net national product at market prices Nettonationalprodukt, Nettosozialprodukt zu Marktpreisen (nominelles BNP minus Abschreibungen)

net of abzüglich („net of tax" − abzüglich der Steuern, versteuert)

net out (vb) saldieren

net out-migration negativer Wanderungssaldo (→ out-migration minus → in-migration)

net output Nettoproduktionswert, Bruttowertschöpfung (→ value added)

net product (at market prices) Nettoprodukt, Nettowertschöpfung (Bruttowertschöpfung minus Abschreibung)

net profit(s) Reingewinn

net social benefit volkswirtschaftlicher, gesellschaftlicher Netto-Nutzen, volkswirtschaftlicher „Wert" (z.B. eines Investitionsprojektes / vgl. social benefit 1))

net value added Nettowertschöpfung (→ net product)

net worth Reinvermögen (Realvermögen und Forderungen an andere Wirtschaftssubjekte minus Verbindlichkeiten an andere Wirtschaftssubjekte)

new money finance Finanzierung durch Geldschöpfung

NI → national income

NNP → net national product

nodality 56

nodality Knotung, Polarisierung (einer
Region)
nodal region Nodalregion, Ballungsre-
gion (REG)
node Knoten, Agglomerationskern (REG)
nominal account Erfolgskonto (BU)
nominal gross national product nominelles Bruttonationalprodukt, n.
Bruttosozialprodukt (d.h. → gross
national product zu laufenden Preisen / G: → real gnp)
nominal value Nennwert (z.B. von Aktien)
non-basic employment die Nahbedarfs-
tätigen (im → non-basic sector Beschäftigte)
non-basic income Nahbedarfseinkom-
men (durch den → non-basic sector
generiertes Einkommen / vgl. economic base)
non-basic industry (Wirtschaftszweig des
→ non-basic sector)
non-basics für den Nahbedarf tätige
Wirtschaftszweige (vgl. economic
base)
non-basic sector Folgeleistungssektor,
nahversorgender Sektor (Wirtschaftszweige einer Region, die für den lo-
kalen Bedarf produzieren / G: → economic base)
non-basic variable Nichtbasisvariable
(eine gleich Null gesetzte Variable
im Simplexverfahren / vgl. simplex
method / LINPLAN)
non-durable consumer goods kurzlebige
Konsumgüter, k. Verbrauchsgüter
(vgl. non-durable goods)
non-durable goods (genau genommen
Güter, die nur eine einmalige Nutzung gestatten / häufig aber mit Einschluß kurzlebiger Konsumgüter mit
mehrmaliger Nutzung, wie Kleider
Schuhe / bes. also die Verbrauchsgüter / aber auch Hilfs- und Betriebsstoffe)
non-executive director Mitglied des →
board of directors etwa mit den
Agenden eines Aufsichtsratsmitglie-
des

non-linearity Nichtlinearität, (MZ) nichtlineare Elemente, n. Ausdrücke (in
einer Gleichung)
non-linear programming nichtlineare Planungsrechnung (Optimierungsproble-
me, bei denen die Zielfunktion und/
oder mindestens eine Nebenbedin-
gung in ihren Variablen nicht linear
ist)
non-monetary gold nicht monetäres
Gold (Gold des Nicht-Zentralbank-
sektors)
non-negativity requirement Nichtnegativitätsbedingung (B., daß für eine
Gleichung/Gleichungssystem nur positive Lösungen zugelassen sind)
non-price competition außerpreisliche
Konkurrenz, K. durch Präferenzpoli-
tik, Qualitäts- und Werbek.
non-reproducible assets nicht reproduzierbares Realvermögen (Kunstschät-
ze, Bodenschätze)
non-singular matrix nicht singuläre Matrix (Wert der Determinante $\neq 0$)
non-trivial solution nicht triviale Lösung
($x \neq 0$)
normal distribution Normalverteilung
(STAT)
notation Schreibart, Anschreibart (einer
Gleichung, einer Funktion)
notional payments kalkulatorische Zahlungen, unterstellte Z. (vgl. imputation)
null set leere Menge, Nullmenge (MAT)
numerator Zähler (MAT)

O

objective (sb) Ziel, Zielvorstellung
objective function Zielfunktion (OR)
obsolescence Überholung, Veralten
(Wertminderung von dauerhaften Gütern durch externe Faktoren, wie z.B.
technischer Fortschritt, Änderung
wirtschaftlicher Gegebenheiten im
Gegensatz zu Verschleiß und Abnutzung)
obsolete veraltet, obsolet

occupational union Berufsgewerkschaft

offer curve Tauschkurve (geom. Ort sämtl. nutzenmaximierenden Mengenkombinationen bei einem Zwei-Haushaltsmodell)

official-settlements balance „Official-Settlements" Bilanz (Grundbilanz → basic balance + kurzfristiger Kapitalverkehr mit Einschluß der Devisenpositionen der Geschäftsbanken / ZB)

oligopoly Oligopol (Marktform mit nur wenigen Anbietern – ungenauer auch – und/oder wenigen Nachfragern)

oligopsony Oligopson, Nachfrageoligopol (Marktform mit nur wenigen Nachfragern)

oncost (Am) Gemeinkosten(zuschlag) (BU)

one-period lag Verzögerung (in der Erreichung eines neuen Gleichgewichtszustandes) um eine Periode (dynamische Analyse)

one-shot injection einmalige Zuführung (vgl. injection)

open back door „Kreditvergabe durch die Hintertür" (Ausleihungen der Bank von England an die Diskonthäuser zu einem unter der Bankrate bzw. der minimum lending rate liegenden und eher marktkonformen Zinssatz)

open market operations Offenmarktoperationen (vor allem: An- und Verkauf von Wertpapieren seitens der Notenbank zur Beeinflussung der Geldmenge)

open-price system Preisinformationssystem (Informationskartell)

open shop nicht gewerkschaftspflichtiger Betrieb

operating leverage → operational gearing

operating profit (Am) Betriebsgewinn, positives Betriebsergebnis

operating rate (Am) Grad der Kapazitätsauslastung

operating ratio betriebswirtschaftliche Kennzahl

operating supplies Hilfs- und Betriebsstoffe

operational gearing Hebelwirkung der Fixkosten (Änderungen im Ausstoß führen bei höheren Fixkosten zu disproportionalen Änderungen im Nettogewinn)

operational research → operations research

operations research Operations Research, Unternehmensforschung (Optimierung von betriebl. Zielgrößen durch Einsatz mathematischer Entscheidungsmodelle)

opinion poll Meinungsumfrage

opportunity cost Opportunitätskosten, Alternativk. (Kosten von Resourcen gesehen als Nutzenentgang bei einer konkurrierenden alternativen Verwendungsmöglichkeit / → shadow price)

OR → operations research

order book 1) Auftragsbuch 2) Auftragsbestand, Bestand an unerledigten Aufträgen

ordered array Reihenfolge, Rangordnung (von Elementen)

order intake Zugang an neuen Aufträgen, Auftragseingang

ordinal utility ordinal (d.h. mit Hilfe eines Rangordnungsschemas) meßbarer Nutzen

ordinary share Stammaktie

organic composition of capital organische Zusammensetzung des Kapitals (Verhältnis der Lohnsumme zum Produktionskapitalbestand / Marx)

origin (Koordinaten-)Ursprung

original cost Anschaffungs-, Herstellungskosten (-wert)

oscillation Oszillation, Schwingung (einer Variablen um einen Mittelwert / bes. verwendet in bezug auf das Volkseinkommen und Preise / vgl. cobweb theorem)

oscillation component Schwingungskomponente, oszillatorische Komponente

oscillatory model oszillierendes Modell (M., dessen Zielfunktion „schwingt"/ vgl. oscillation)

other things being equal ceteris paribus

outlay contour Isokostenlinie (→ isocost line)

out-migration regionale Abwanderung (G: → emigration – zwischenstaatliche Auswanderung)

output 1) Ausstoß, Ausbringung, Produktionsmenge 2) (System-) Leistung

output effect → scale effect

output-expansion path → expansion path, scale line

output tax (Br) Bruttomehrwertsteuer (Bruttoumsatz x MwStsatz)

outside lag Wirkungsverzögerung, Außenv. (Zeitspanne zwischen dem Treffen einer – wirtschaftspolitischen – Maßnahme und der Zielerreichung)

outwork Heimarbeit

overbalance (vb) überwiegen, übertreffen

overdraft Überziehung, (bes. Br) Kontokorrentkredit

over-full employment Überbeschäftigung (Zahl der verfügbaren Arbeitsplätze übersteigt Zahl der Arbeitswilligen und -fähigen)

overhead cost(s) Gemeinkosten

overhead(s) → overhead costs

overmanning Überbesetzung mit Arbeitskräften

over-the-counter market (Am) Handel mit den nicht zum offiziellen Börsenverkehr zugelassenen Werten

overtrading Overtrading (zu schmale Betriebskapitalbasis für ein bestimmtes Geschäftsvolumen)

ownership Eigentum (-sverhältnisse)

P

paper gold Papiergold (→ Special Drawing Rights)

paper profit 1) Buchgewinn, nicht realisierter Kursgewinn (G: → capital gains) 2) Scheingewinn (vor allem auf Grund der Abschreibung auf der Basis des Anschaffungswertes bei stärkerer Inflation)

paradox of thrift Sparparadoxon, Widersinn des Sparens (Sparen führt unter bestimmten Voraussetzungen zur Verminderung des Volkseinkommens)

paradox of value Wertparadoxon (bezeichnet die Tatsache, daß lebensnotwendige Güter oft einen sehr niedrigen, Luxusgüter oft einen sehr hohen Preis haben)

parent company Muttergesellschaft

Pareto-optimum Pareto-Optimum (Zustand, in dem es nicht mehr möglich ist, durch Umverteilung ein Individuum besser zu stellen, ohne ein anderes zu benachteiligen)

parity 1) Gleichheit, Gleichwertigkeit; Wertverhältnis 2) Parität, (offiziell festgelegter) Wechselkurs 3) (Am) Verhältnis der Preise für landwirtschaftliche und nicht-landwirtschaftliche Güter zu einem bestimmten Zeitpunkt in der Vergangenheit; Gleichheit dieses Verhältnisses zu verschiedenen Zeitpunkten / Maß für die Kaufkraft bzw. den Einkommensstandard der Landwirtschaft)

parity price (Am) Paritätspreis (nach dem sub → parity 3) erwähnten Prinzip erstellter Preis für landwirtschaftl. Güter)

partial derivative partielle Ableitung (Ableitung nach einer Variablen einer Funktion mit mehreren Variablen / Differentialrechnung)

partial equilibrium analysis partielle Gleichgewichtsanalyse (method. Ansatz, bei dem nur Teilbereiche einer Volkswirtschaft in die Analyse einbezogen werden, z.B. bei A. Marshall/ vgl. general equilibrium)

participation 1) (Kapital-) Beteiligung 2) (Arbeitnehmer-) Mitbestimmung

participation rate Erwerbsquote (prozentueller Anteil der → labour force an der Gesamtbevölkerung)

partnership 1) Partnerschaft, Zusammenarbeit 2) Personengesellschaft (KG, OHG)

par value 1) (Am) Nennwert (Aktie)
2) → parity 2)

pass on (along) (vb) abwälzen (z.B. Kosten, Preiserhöhungen)

path of the economy 1) Konjunkturverlauf 2) Trendlinie einer Volkswirtschaft (Wirtschaftswachstum)

pay (sb) Bezahlung, unselbständiges Einkommen, Löhne und Gehälter

pay-as-you-earn system (Br) Quellenbesteuerung von unselbständigen Einkommen (bes. Lohnsteuerabzugsverfahren)

pay-as-you-go system 1) (Am) Quellenbesteuerung (bes. von unselbständigen Einkommen) 2) Umlagensystem (Versicherung)

pay code (Br) einkommenspolitische Normen für Löhne und Gehälter

PAYE → pay as you earn

payment in kind Naturalleistung, Sachleistung

payment interval effect Zahlungsintervalleffekt (Senkung der Durchschnittskassa bei Verkürzung der Zahlungsintervalle und gleichzeitig gleichbleibender Gesamtzahlungshöhe / Liquiditätstheorie)

payment-pattern-effect Zahlungsrhythmuseffekt (Gleichbleiben der Durchschnittskasse bei Verkürzung der Zahlungsperioden bei gleichbleibender Höhe der Einzelzahlung und entsprechender Erhöhung der Gesamtzahlung)

payoff 1) Rückzahlung, Amortisation (Investitionsrechnung 2) Auszahlung (Endergebnis einer Partie für die einzelnen Spieler – z.B. Geldsumme, Marktanteil / SPT)

pay pause Lohn- und Gehaltsstop

payroll 1) Lohn- und Gehaltsliste 2) Löhne und Gehälter, Lohn- und Gehaltssumme (einer Firma) 3) Lohn- und Gehaltsempfänger (einer Firma)

payroll tax (vom Arbeitgeber zu bezahlende, entweder nach Löhnen und Gehältern, nach der Lohnsumme oder nach der Anzahl der Arbeitneh-

mer zu berechnende Steuer bzw. Abgabe / z.B. Lohnsummensteuer / → auch social security payroll tax; → selective employment tax)

peak Höhepunkt, (konjunktureller) Wellenberg

pecuniary monetär, in Geld bewertet (G: → physical)

pecuniary returns monetäre, monetär bewertete Erträge

pecuniary spill-overs monetäre externe Effekte (vgl. external effects)

peg (sb) fester Preis, f. Kurs, Parität

peg (vb) (Preise, Kurse) halten, fixieren, stützen, einfrieren

percentile Perzentile (STAT / Streuungsmaß, das eine stat. Häufigkeitsverteilung in 100 gleiche Teile teilt)

perfect competition vollständiger Wettbewerb (polypolistisch-homogene Konkurrenz / viele Anbieter, homogenes Gut, Markttransparenz)

perfect competitor Anbieter bei vollständiger Konkurrenz

perfect elasticity vollkommene Elastizität, unendliche E. (infinitesimale Änderung der unabhängigen Variablen führt zu einer unendlichen Änderung der abhängigen V.)

perfect knowledge (of a market) (absolute) Markttransparenz

perishable goods leicht verderbliche Ware(n)

perishables → perishable goods

permanent income permanentes Einkommen, Dauereinkommen, langfristig erwartetes Einkommen

permanent income hypothesis Dauereinkommenshypothese (Konsumtheorie, die das Konsumverhalten aus dem Dauereinkommen der Haushalte ableitet / vgl. permanent income)

personal consumption privater Konsum (VGR)

personal distribution (of income) personelle Einkommensverteilung (Verteilung des Einkommens auf die einzelnen Einkommensbezieher ohne Berücksichtigung der Einkommensart, statistische Streuung der Einkommen)

personal income persönliches Einkommen (Volkseinkommen minus nicht ausgeschüttete Gewinne, minus Körperschaftssteuern, minus Arbeitgeberbeiträge zur Sozialversicherung, plus Transferzahlungen)

Phillips curve Phillipskurve (graph. Darstellung des behaupteten und teilweise auch verifizierten Zusammenhanges – einer negativen Korrelation – zwischen Inflation und Unterbeschäftigung)

physical mengenmäßig, real, effektiv

physical output mengenmäßiger Ausstoß

physical production surface Produktionsmengengebirge, Ertragsgebirge (dreidimensionale Darstellung der Produktionsfunktion, die den Zusammenhang zwischen zwei variablen Faktoren und der Ausbringungsmenge bei gegebenem Stand der Technik erfaßt)

PI → personal income

piecework Akkord-, Stückarbeit

piecework rate Akkordsatz

pie chart Kreisdiagramm, Tortendiagramm

pig cycle → hog cycle

Pigou effect Pigou-Effekt (→ real balance effect)

place utility der durch die Bereitstellung eines Gutes am erforderlichen Ort – d.h. durch den Transport – gestiftete Nutzen

planned economy Planwirtschaft, Zentralverwaltungswirtschaft

planned obsolescence geplantes Veralten (gezielte Verkürzung der Nutzungsdauer von Konsumgütern durch häufigen Modellwechsel und ähnliche Maßnahmen, aber auch durch schlechte Qualität)

plant 1) Fabrik (-sanlage), Werk (-sanlage), Betrieb, Betriebsgebäude 2) Maschinen, Betriebseinrichtung

plant and equipment Betriebsgebäude, Maschinen und Einrichtung

plot (vb) eintragen, einzeichnen (Wert auf einer graphischen Darstellung)

ploughing back (wörtl.) „Zurückpflügen", Selbstfinanzierung (F., durch Ansammlung von Unternehmergewinnen bzw. die Bildung von Rücklagen)

plowback (Am) → ploughing back

point elasticity Punktelastizität (auf der Grundlage unendlich kleiner Änderungen der relevanten Variablen – z.B. Preis/Nachfrage – berechnete Elastizität, die genaue Werte für jeden Punkt auf der Kurve erbringt / G: → arc elasticity)

point estimation Punktschätzung (STAT)

policy-effect lag Auswirkungsverzögerung (Zeit zwischen dem Treffen einer Maßnahme und dem Eintreten ihrer direkten und indirekten Wirkungen)

policy of exhortation → moral suasion

policy simulation (wirtschafts-)politische Simulation (Durchspielen wirtschaftspolitischer Entscheidungen und ihrer Auswirkungen mit Hilfe eines ökonometr. Modells)

policy variable Instrumentalvariable (wirtschaftspolitische V., deren Beeinflussung nicht Selbstzweck, sondern Mittel zur Beeinflussung der Zielvariablen ist)

political economy politische Ökonomie (1) im 18. Jahrh. – Volkswirtschaftspolitik als Teil der Staatskunst 2) im 19. Jahrh. – allg. Ausdruck für Volkswirtschaftslehre 3) heute : volkswirtschaftl. Schule bzw. Lehrmeinung, die die gesellschaftlich-politische Einbettung des Wirtschaftssektors betont und explizit Werturteile in Ansatz bringt / G: → positive economics)

political market Markt für öffentliche Güter (vgl. public goods)

politician-push inflation staatlich induzierte Inflation

poll tax Kopfsteuer (Steuer, die von allen Steuersubjekten in derselben Höhe erhoben wird) pollution Umweltverschmutzung

population overspill (abgewanderter) Bevölkerungsüberschuß

portfolio investment indirekte Investition (Kapitalanlagen durch Erwerb von Schuldtiteln oder Eigentumsrechten ohne wirtschaftl. Dispositionsbefugnisse, d.h. vor allem der Rendite wegen)

posit (vb) postulieren

positive economics positive Ökonomie (eine ihrem Selbstverständnis nach „wertfreie" volkswirtschaftliche Schule bzw. Lehrmeinung)

posted price Listenpreis (offiziell angegebener Preis, der oft von dem tatsächlich verrechneten abweicht aber als Berechnungsgrundlage für Nachlässe, Abgaben etc. dient)

power Potenz (MAT) (z.B. „b to the power of minus n" = „b hoch minus n")

precautionary balances Vorsorgekasse, Vorsichtsk., Vorsichtsgeld (über die → transactions balances hinausgehende Geldhaltung zur Absicherung gegen Zahlungsrisken)

precautionary demand (Geldnachfrage auf Grund des → precautionary motive)

precautionary motive Vorsorgemotiv (Motiv zur Haltung der → precautionary balances)

predictive record (erwiesene) prognostische Effizienz (z.B. eines ökonometrischen Modells)

preference scale Präferenzskala (Rangordnung der möglichen Wahlhandlungen)

preference share (Br) Vorzugsaktie

preferred stock (Am) Vorzugsaktien(kapital)

premium 1) (Versicherungs-)Prämie 2) Aufgeld, Zuschlag; Agio (Differenz zwischen höherem Emissions- oder Marktkurs und niedrigerem Nominalwert von Wertpapieren), Report (Differenz zwischen höherem Termin-

und niedrigerem Kassakurs von Devisen)

present value Kapitalwert, Barwert, Gegenwartswert, Zeitwert (die Summe aller auf den Kalkulationszeitpunkt abgezinsten Zahlungen, die nach dem Kalkulationszeitpunkt erfolgen)

present value method Kapitalwertmethode (Investitionsrechnung / vgl. present value)

president (Am) Generaldirektor, Vorsitzender des Vorstandes (häufig der Spitzenmanager einer amerik. AG, der aber in den meisten Bundesstaaten auch Mitglied des → board of directors ist)

price administration Preisadministration (meist: amtliche Preisregelung)

price competition Preiskonkurrenz (G: → non-price competition)

price control Preisregelung (durch die Regierung)

price deflator → deflator

price discrimination Preisdifferenzierung (Anbieten von Gütern gleicher Art zu – hinsichtlich Transportkosten, Servicekosten usw. bereinigten – unterschiedlichen Preisen / z.B. echtes Dumping)

price elasticity Preiselastizität (Maß für die Abhängigkeit von Angebot/Nachfrage vom Preis / vgl. elasticity)

price freeze Preisstop

price leadership Preisführerschaft (preispolitische Gefolgschaft einer Gruppe von – im Prinzip – konkurrierenden Unternehmen für den potentesten Mitbewerber)

price line Bilanzgerade (→ budget line)

price maker Preisfixierer, Monopolist (Wirtschaftssubjekt, für das der Preis eine unabhängige Variable, ein Aktionsparameter ist)

price making Preisfestsetzung (z.B. bei monopolistischer oder oligopolistischer Konkurrenz)

price ratio Preisrelation (zwischen zwei Güterpreisen)

price searcher Preisfixierer, Monopolist
(→ price maker)

price setting Preisfixierung

price support Preisstützung

price taker Mengenanpasser (Wirtschaftssubjekt, für das der Preis ein vorgege-
benes Datum ist und das den Erlös
nur über Änderungen in der Absatzmenge beeinflussen kann)

primal (sb) (= primal program, → p.
problem)

primal problem Primalproblem (lineares
Problem, aus dem das dazugehörige
Dualproblem abgeleitet wurde / vgl.
dual problem / LINPLAN)

primal variable primale Variable (zu
einem Primalprogramm gehörige Variable / vgl. primal problem)

primary accumulation ursprüngliche Akkumulation (die geschichtl. erste An-
häufung von Reichtum / nach A.
Smith durch Sparen, nach Marx
durch Raub und Ausbeutung)

primary deposits (durch Bargeldeinzah-
lung entstandenes Giralgeld)

primary factor of production ursprüng-
licher Produktionsfaktor (Boden, Arbeit / G: → derived f.o.p.)

primary input primärer Input, primäre
Aufwendungen (Löhne und Abschreibungen / IN/OUT)

primary market Primärmarkt, Markt für
Neuemissionen von Wertpapieren (G:
→ secondary market)

primary money orginäres Geld, Primär-
geld (Zentralbankgeld − Münzen werden meist vernachlässigt − der Banken und Nichtbanken plus Sichtforderungen der Banken an die Zentralbank)

primary producing countries Rohstoffländer

primary product Rohstoff, Urprodukt

primary sector 1) Urproduktion
2) → basic sector

prime 1) Strich (z.B. p' = „p prime" =
p Strich) 2) → prime rate

prime rate (Am) Sollzinsfuß für erste
Adressen, Eckkreditzinssatz, „Prima-
rate" (von den Banken für Kredite
an Kunden mit höchster Bonität ver-
rechneter Zinssatz)

principal (sb) 1) Auftraggeber; vertrete-
ne Firma (G: → agent) 2) Kapital,
Darlehenssume, geliehener Betrag

prior art Stand der Technik (Patent)

private (limited) company (Br) (etwa)
GmbH auf Aktien

private cost(s) private Kosten, individuelle K. (die im Wirtschaftskalkül des
Verursachers berücksichtigten Kosten
einer wirtschaftlichen Disposition /
G: → social cost)

private want privates Bedürfnis, indivi-
duelles B. (B., das dem → exclusion
principle unterliegt und zur Gänze
durch Marktleistungen befriedigt
wird)

probability calculus Wahrscheinlichkeits-
rechnung

probability distribution Wahrscheinlich-
keitsverteilung (die Menge aller möglichen Werte einer Zufallsgröße mit
den entsprechenden Wahrscheinlich-
keitsgraden)

procurement tying „Beschaffungsbin-
dung" (Gewährung finanzieller Entwicklungshilfe unter der Bedingung,
daß sie für Käufe im Geberland verwendet wird)

pro-cyclical prozyklisch (gleichsinnig mit
dem Konjunkturverlauf, den K. un-
terstützend / G: → counter-cyclical)

produce (sb) landwirtschaftliche Produk-
te

product contour Isoproduktkurve (→ isoquant)

production approach Entstehungsrech-
nung (BNP)

production budget Produktionsbudget
(für die Produktion zur Verfügung
stehende Kostensumme)

production coefficient Produktions- oder
Vorleistungskoeffizient (→ input
coefficient)

production facility Produktionseinrich-
tung, -stätte

production frontier → transformation curve

production function Produktionsfunktion (funktionale Beziehung zwischen Ausbringung und Faktoreinsatz – entweder auf mikroökonomischer oder makroökonomischer Ebene)

production indifference curve → transformation curve

production possibility boundary → transformation curve

production possibility curve → transformation curve

production possibility frontier → transformation curve

production surface → physical production surface

productive resources Produktionsfaktoren

productive services Faktorleistungen, Produktivleistungen (entgeltliche Überlassung von Produktionsfaktoren durch Haushalte an Unternehmen)

profitability Rentabilität

profit and loss account Verlust- und Gewinnrechnung (BU)

profit rate Profitrate (Verhältnis von Profit – im Sinne der Klassiker – zum eingesetzten Kapital)

profit sharing Gewinnbeteiligung (der Arbeitnehmer)

projection (auch) Vorhersage, Prognose

project tying Projektbindung, Zweckbindung (ENT)

promissory note Eigen- oder Solawechsel

propensity to consume Verbrauchsquote, Verbrauchsneigung, Konsumquote (→ average p.t.c.; → marginal p.t.c.)

propensity to export Exportquote, Exportneigung (→ average p.t.e.; → marginal p.t.e.)

propensity to import Importquote, Importneigung (→ average p.t.i.; → marginal p.t.i.)

propensity to save Sparquote, Sparneigung (→ average p.t.s.; → marginal p.t.s.)

property 1) Eigentum, Eigentumsrecht, Titel, Vermögen (-sgegenstand) 2) (Br) Realitäten, Liegenschaften, Immobilien; (bauliches) Objekt 3) Eigenschaft

prospectus (vor allem) Aktienprospekt

prosperity Prosperität, Hochkonjunktur

protection Zollschutz; Schutzzollsystem, -wesen

protectionism Schutzzollsystem, -bewegung

protective duty Schutzzoll

proxy 1) Vollmacht, Vollmachtsurkunde, Vertreter, Bevollmächtigter (bes. im Zusammenhang mit Aktionärsversammlungen) 2) → proxy indicator; → proxy variable

proxy indicator Ersatzindikator, Ersatzkennzahl

proxy variable Ersatzvariable (die in Modellen und Gleichungen an Stelle einer nicht oder nur schwer erfaßbaren Größe verwendete Ersatzgröße / z.B. regionale Beschäftigungszahlen für stat. nicht erfaßtes regionales Einkommen)

PSBR → public sector borrowing requirement

public bond (Am) Staatsschuldverschreibung

public debt (Am) Staatsschuld

public finance 1) öffentliche Finanzen, ö. Finanzwirtschaft, Staatsfinanzen 2) Finanzwissenschaft

public good öffentliches Gut bzw. öffentl. Leistung (vgl. public want)

public limited company (Br) Aktiengesellschaft

public sector borrowing Kreditaufnahme der öffentlichen Hand

public sector borrowing requirement Kreditbedarf der öffentlichen Hand

public utility 1) gesellschaftlicher Nutzen 2) öffentlicher Versorgungsbetrieb

public want öffentliches Bedürfnis, Kollektivb. (B., dessen Befriedigung über die öffentlichen Haushalte geleistet

bzw. finanziert wird / umfaßt →
social want; → merit want)

public works öffentliche Bauten (und
Arbeiten)

pump priming Ankurbelungsmaßnah-
men, konjunkturelle Initialzündung,
Konjunkturspritze (über Budgetdefi-
zite finanzierte Konjunkturbelebungs-
maßnahmen, die nach Einsetzen der
konjunkturellen Eigendynamik wieder ausgesetzt werden)

purchase tax (Br) „Kaufsteuer" (ehemalige brit. selektive Einphasenwarenumsatzsteuer)

purchasing power Kaufkraft

purchasing power parity Kaufkraftpari-
tät (Wechselkurs zwischen zwei Ländern, der dem Verhältnis von Inlands-
preisniveau und Auslandspreisniveau
ausgedrückt in der ausl. Währung entspricht)

pure competition 1) (ungenauere Verwendung) vollständige Konkurrenz
(→ perfect competition) 2) vollkommene homogene Konkurrenz (Marktform mit homogenem Güterangebot)

pure monopoly homogenes Monopol
(ein Anbieter, viele Abnehmer, homogenes Gut)

pure public good spezifisch öffentliches
Gut (vgl. social want)

pure public want spezifisch öffentliches
Bedürfnis (→ social want)

pure theory of international trade reine
Außenwirtschaftstheorie, güterwirtschaftliche A., reale A.

PV → present value

Q

Q quantity

quantity adjuster Mengenanpasser (Anbieter, der wegen der Unbeeinflußbar-
keit des Marktpreises bei vollkommener Konkurrenz seine Erlöse nur
durch Anpassung der Verkaufsmenge
verändern kann)

quantity demanded nachgefragte Menge,
„Nachfrage"

quartile Quartile (STAT / Streuungsmaß,
das eine stat. Häufigkeitsverteilung
in vier gleiche Teile teilt)

quasi-private good meritorisches Gut
(vgl. merit want)

quasi-private want meritorisches Bedürfnis (→ merit want)

quasi-public good meritorisches Gut
(vgl. merit want)

quasi-public want meritorisches Bedürfnis (→ merit want)

queuing theory Warteschlangen-Theorie
(Th., die sich mit der math. und
wirtschaftl. Analyse des Flusses von
Einheiten durch Bedienungssysteme
befaßt)

quota Kontingent (Außenhandel, Kartell)

R

radical (sb) 1) Wurzelausdruck (MAT)
2) Radikaler

radical equation Wurzelgleichung (MAT)

random error Zufallsfehler

randomisation Zufallssteuerung, Einführung bzw. Anwendung des Zufalls-
prinzipes

randomised sample zufallsgesteuerte
Stichprobe

random sample zufallsgesteuerte Stichprobe

random variable stochastische Variable,
Zufallsvariable

range 1) Bereich, Umfang, Reichweite,
Spielraum 2) Auswahl, Sortiment,
Palette 3) Spannweite, Variations-
breite (STAT / Streuungsmaß:Dif-
ferenz zwischen den Extremwerten
einer Reihe von Werten) 4) (of a
function) Bildbereich, Wertbereich
(einer Funktion / die Menge der möglichen Werte für die abhängige Variable einer Funktion)

ratchet (wörtl.) „Sperrklinke" (bezieht
sich auf die absolute einseitige Rigidität einer abhängigen Variablen, d.h.
auf ihre Eigenschaft, sich – vor allem – nur nach oben hin zu verändern / vgl. rigidity)

ratchet (to be on a r.) einseitig (vor allem nach unten hin) absolut rigid sein (vgl. ratchet)

ratchet effect Sperrklinkeneffekt (→ ratchet)

rate 1) Satz, (Zins-)Fuß 2) Rate (Prozentsatz), Geschwindigkeit, Tempo 3) Kurs, Preis 4) Tarif, Gebühr 5) (MZ) (Br) Lokalsteuern (auf Grund- und Gebäudebesitz) 6) (MZ) „Rates" Zinspolitik, zinspolitische Maßnahmen der Notenbank

rateable value Einheitswert (Bemessungsgrundlage der → rates 5))

rate of exchange Wechselkurs

rate of return Rendite, Ertrag (-sprozentsatz)

rate support grant Globalzuweisung im Rahmen des britischen Finanzausgleichs an die Lokalbehörden

ratio 1) Verhältnis (-zahl), Koeffizient 2) (bes. betriebswirtschaftl.) Kennzahl

ratio function Funktion mit Verhältniswerten, Funktion in der Verhältnisform

rationing Rationierung, Bewirtschaftung

ratio scale logarithmischer Maßstab

ray Strahl, Halblinie

real real, mengenmäßig, güterwirtschaftlich (Gegensatz: nominell, wertmäßig, monetär)

real account Bestandskonto (BU)

real analysis reale Analyse, güterwirtschaftliche A. (Gegensatz: monetäre Analyse)

real balance effect Pigou-Effekt, Realkassenhaltungseffekt (Abbau der Kassenhaltung durch zusätzliche Nachfrage nach Gütern als Folge einer deflationären Geldwerterhöhung)

real estate (Am) Realitäten, Immobilien, Liegenschaften

real expenditure → exhaustive expenditure

real flow realer Strom (Waren- und Dienstleistungsstrom / vgl. flow; vgl. monetary flow)

real gross national product reales Bruttonationalprodukt, r. Bruttosozialp. (BNP zu konstanten Preisen / vgl. gross national product; vgl. national product / G: vgl. nominal gnp)

real income Realeinkommen (inflationsbereinigtes E.)

real interest rate realer Zinssatz, reale Verzinsung (inflationsbereinigte V.)

reallocative incidence reallokative Inzidenz (Eintreten eines Umverteilungseffektes)

real money supply reale Geldmenge (→ money supply 1 dividiert durch → gnp-deflator)

real terms (in) real, mengenmäßig, in Mengeneinheiten, nach Ausschaltung der Preiserhöhungen

recipient country Empfängerland (ENT)

recognition lag Erkennungsverzögerung (Zeitspanne zwischen dem Notwendigwerden einer − wirtschaftspolitischen − Maßnahme und dem Erkennen dieser Notwendigkeit durch den entsprechenden Entscheidungsträger)

recontracting Methode des Vertragsrücktrittes und neuerlichen Vertragsabschlusses (zum Herantasten an das Marktgleichgewicht)

recovery Expansionsphase, Erholungsphase (Konjunktur)

redeem (vb) zurückkaufen, einlösen, ablösen, tilgen

redeemable 1) tilgbar, ablösbar (Schuld) 2) (vor Fälligkeit) kündbar (Staatsschuldverschreibung) 3) einlösbar (Papiergeld)

redemption (Recht auf) Rückkauf, Einlösung, Tilgung, Rückzahlung

rediscount rate Rediskontsatz (Zentralbank)

redistribution of income Einkommensumverteilung

redistributive effect umverteilende Wirkung, Redistributionseffekt

redundancy „Überflüssigkeit", „Freisetzung", Entlassung, Abbau, Kündigung von Arbeitskräften, Arbeitslosigkeit (auf Grund objektiver wirt-

schaftlicher Notwendigkeiten, wie
Betriebsstillegung, -verlegung, Um-
stellung, Rationalisierung, konjunk-
turbedingter Geschäftsrückgang)

redundancy payment (Br) Abfertigung
(für Arbeitskräfte, die auf Grund
einer → redundancy gekündigt werden)

redundant überflüssig, arbeitslos (im Sinne von → redundancy)

reference cycle Basiszyklus, Referenz-
zyklus (stat. meist durch die Veränderung des BNP definierter Zyklus,
in bezug auf den die → leading indicators; → lagging i.; → coincident i. fest-
gelegt werden)

refined birthrate (geschlechts- und oder
alters-) spezifische Geburtsziffer
(Zahl der Lebendgeborenen eines
Jahres bezogen auf je 1000 Frauen
gebärfähigen Alters bzw. auf bestimmte Jahrgänge oder Jahrgangs-
gruppen / vgl. fertility rate)

refined deathrate (geschlechts- und/oder
alters-) spezifische Sterbeziffer (Zahl
der Gestorbenen eines Jahres je 1000
Personen einer bestimmten Ge-
schlechts- und/oder Altersgruppe)

reflation 1) Reflation (Zurückführung
eines während einer Rezession oder
Depression gesunkenen Preisniveaus
auf eine „wünschenswerte" Höhe)
2) expansive Konjunkturpolitik, Kon-
junkturbelebungsmaßnahmen

reflationary reflationär, expansiv, stimu-
lierend

regional accounts regionale, regionalwirt-
schaftliche Gesamtrechnung

regional analysis Regionalforschung

regional economics Regionalökonomie

regional government multiplier regionaler Staatsausgabenmultiplikator
(vgl. regional multiplier; vgl. government multiplier)

regional multiplier regionaler Multiplikator (→ international multiplier / in
der Regionalanalyse / berücksichtigt
die regionale Importquote)

regional science Regionalwissenschaft

registered office offizieller (aktienrecht-
licher) Firmensitz

regression Regression (vgl. regression
analysis)

regression analysis Regressionsanalyse
(statistisches Verfahren zur Untersuchung und Bestimmung der Beziehung zwischen einer Zielvariablen
und einer oder mehreren erklärenden
Variablen unter Berücksichtigung
einer Zufallskomponente / Störvariablen)

regressive tax regressive Steuer (1) Steuer, deren Satz mit der Steuerbemessungsgrundlage steigt 2) Steuer, die –
unabhängig von der Höhe des Steuer-
satzes – niedrigere Einkommens-
schichten stärker belastet als höhere /
z.B. die proportionalen Konsumsteu-
ern)

regressor Regressor, Einflußgröße, erklärende Variable (vgl. regression analysis)

regulator (Br) Ermächtigung des engl.
Finanzministers, indirekte Steuern
auf dem Verordnungswege um einen
bestimmten Prozentsatz zu ändern

relative (sb) Meßzahl (stat. Verhältniszahl, die die Relation zwischen mehreren gleichartigen Teilmassen zu
einem ihrer eigenen Elemente bzw.
einem Durchschnitt aus ihren Elementen – Basis – zeigt / ein Ein-
Posten-Index)

relative income hypothesis relative Ein-
kommenshypothese (Konsumtheorie,
die das Konsumverhalten aus dem
„relativen Einkommen" des Konsumenten – seinem Prozentrang in der
Einkommensverteilung – ableitet)

relativities (Br) Verhältnis zwischen der
Entlohnung für gleiche oder ähnliche
Tätigkeiten in verschiedenen Berei-
chen

rent 1) Miete, Pacht 2) Rente (Faktoreinkommen, soweit es die Opportunitätskosten übersteigt / vgl. auch
consumer rent)

rent control gesetzliche Mietenregelung, (etwa) Mieterschutz

repercussions Rückwirkungen, bes. → foreign repercussions

replacement cost Wiederbeschaffungskosten, -wert

replacement investment Ersatzinvestition (en), Re-investition(en)

replication multiplikative Erhöhung der Ausbringungsmenge (durch proportionale Erhöhung aller Faktormengen / linear-homogene Produktionsfunktion)

reported profits ausgewiesene Gewinne

repressed inflation zurückgestaute Inflation (→ supressed i.)

reproducible assets reproduzierbares Realvermögen (VGR)

reproduction rate Reproduktionsziffer, -index (Anzahl der von einem Jahrgang gebärfähiger Frauen zu erwartenden Mädchen dividiert durch die Anzahl der Frauen / Maßzahl für das Ausmaß der Bestandserhaltung einer Bevölkerung)

required reserve (Am) Mindestreserve (von den → member banks bei den entsprechenden → Federal Reserve Banks in einem bestimmten Verhältnis zu den Kundeneinlagen zu haltende Mindestreserve / keine Reserve im eigentl. Sinn, sd. Instrument der Notenbankpolitik)

required reserve ratio Mindestreservesatz (vgl. required reserve)

resale price maintenance Preisbindung zweiter Hand, vertikale P. (vertragliche Verpflichtung der Abnehmer gegenüber Herstellern bzw. Großhändlern, bestimmte Wiederverkaufspreise einzuhalten)

reserve asset 1) Reservemedium, Reservemittel (Gold, konvertierbare Währungen, Sonderziehungsrechte) 2) mindest- oder pflichtliquiditätsfähiges Aktivum der engl. Geschäftsbanken/vgl. minimum reserve assets ratio)

reserve transactions Reservetransaktionen (Veränderungen des zentralen Gold- und Devisenbestandes und in der Position gegenüber IWF und ausl. Währungsbehörden)

residential construction Wohnungsbau

residual (sb) Restwert, Restgröße

residual claim Anspruch auf die Restgröße (z.B. auf den Gewinn)

residual income residualbestimmtes Einkommen (Gewinneinkommen, Einkommen der Unternehmerhaushalte)

residual item Restposten

residual unemployment Restarbeitslosigkeit, Bodensatza. (bei Voll- bzw. Überbeschäftigung)

resistance to taxation Steuerwiderstand

resource 1) Hilfsquelle, -mittel 2) (MZ) Reichtümer, Bodenschätze; Resourcen, Produktionsfaktoren, -mittel, -kräfte; Geldmittel

resource market Faktormarkt (M. für Produktionsfaktoren / im G. zum Markt für Konsumgüter)

rest of the world Ausland

rest-of-the-world account Auslandskonto (VGR)

restraint of trade Wettbewerbsbeschränkung

restrictive practices Wettbewerbsbeschränkung, wettbewerbsbeschränkende Praktiken

reswitching (of techniques) Kurzformel für die Kritik an der Annahme der neoklassischen Kapital-/Produktionstheorie, daß es eine eindeutige Beziehung zwischen Zinsniveau und Produktionstechnik gibt. Der Ausdruck weist auf die Möglichkeit hin, daß man z.B. bei fallendem Zinsniveau zur Erreichung eines optimalen Ergebnisses zuerst von der Produktionstechnik A auf die Produktionstechnik B, bei noch niedrigerem Niveau *wieder* auf die Technik A *umsteigen* (re-switch) muß.

retail trade Einzelhandel

retail price maintenance Preisbindung zweiter Hand (→ resale price maintenance)

retained profits nicht ausgeschüttete Gewinne

retaliatory tariff Retorsions- oder Ver-
geltungszoll
retentions → retained profits
retirement 1) Ausscheiden, Pensionie-
rung 2) Einziehung, Rückkauf, Rückzahlung (z.B. von Obligationen)
retraining Umschulung
return 1) (amtl.) Bericht, Aufstellung,
Übersicht, (ties. Mehrzahl) stat. An-
gaben 2) Steuererklärung (tax return)
3) Rücklieferung, Rücksendung,
Rückgabe, (Mehrzahl) Retourware
4) volkswirtschaftlicher Ertrag (Produktionsmenge bei gegebenem Faktoreinsatz pro Zeiteinheit), Gewinn,
Verzinsung, Einkünfte (aus Kapital-
vermögen), Rendite, Rentabilität
return on capital employed Rentabilität
des (bilanzmäßigen) Gesamtkapitals
returns to scale Skalenerträge, Niveaugrenzprodukt, Niveaugrenzertrag
(Auswirkung der proportionalen Erhöhung aller Produktionsfaktoren auf
das Produktionsergebnis)
revaluation 1) Neubewertung 2) (bes.
Br) Aufwertung (einer Währung)
revealed choice → revealed preference
revealed preference bekundete Präferenz,
faktische P. (in bestimmten Einkom-
mens-Preissituationen empirisch nach-
gewiesene Konsumpräferenz)
revenue Erlös; Ertrag; Einnahmen;
Staatseinnahmen, Steueraufkommen;
Einkünfte
revenue duty Finanzzoll (ein aus rein fis-
kalischen – und nicht handelspoliti-
schen – Gründen erhobener Zoll /
G: → protective duty)
revenue sharing (Am) → tax sharing
reverse dollar gap umgekehrte Dollarlücke (Zahlungsbilanzdefizit der USA
gegenüber den westeuropäischen
Staaten / vgl. dollar gap)
reverse income tax → negative income
tax
rights issue Ausgabe auf Bezugsrechtsba-
sis, Ausgabe von jungen Aktien
rigid rigid, starr, inflexibel, inelastisch
(vgl. rigidity)

rigidity Rigidität, Starrheit, Inflexibilität,
Inelastizität (1) Elastizität einer abhängigen Variablen unter dem Wert
„eins" 2) – häufig – Rigidität nach
einer Seite hin)
rigidity of prices Preisstarrheit (vgl.
rigidity)
rigidity of supply Inelastizität des Angebotes (vgl. rigidity)
rigidity on the downside Inelastizität
nach unten hin (vgl. rigidity)
rollback (amtlich angeordnete) Zurück-
nahme von Preiserhöhungen
root Wurzel (MAT)
round-about methods of production
Produktionsumwege
round-about-process Produktionsum-
weg(e)
round-about-production Produktionsum-
weg(e) (Erzeugung von Konsumgütern
auf dem Umweg über die Erzeugung
von Kapitalgütern im Gegensatz zur
direkten Erzeugung nur mit Hilfe der
ursprünglichen Produktionsfaktoren
Boden und Arbeit)
row Zeile (Matrizenrechnung)
rows and columns of a determinant Zei-
len und Spalten einer Determinante
(Matrizenrechnung)
row vector Zeilenvektor (vgl. vector)
royalty Ertragsanteil (Patent), Lizenzge-
bühr; Tantieme; Pacht-, Förderzins
(Bergbau, Erdöl)
ruling price geltender, herrschender Preis
run-away inflation galoppierende Inflation

S

saddle point Sattelpunkt (1) Punkt im
Verlauf einer Funktion mit zwei unabhängigen Variablen, der in der
einen Koordinatenrichtung ein Minimum, in der anderen ein Maximum
darstellt 2) Gleichgewichtspunkt
einer Auszahlungsmatrix, in dem die
Auszahlung der Minimax-Strategie
mit der der Maximin-Strategie zusam-

menfällt / Zweipersonen-(Nullsummen)-Spiel / SPT) ◀━━

sale 1) Verkauf 2) (Sommer-, Schluß-, Räumungs-)Verkauf 2) (MZ) Verkäufe, Umsatz, Absatz

sales tax 1) Umsatzsteuer 2) (Am) selektive Einphasenwarenumsatzsteuer

sales term (Ausdruck für die) Verkaufs-, Absatzvariable

sample 1) Stichprobe (STAT) 2) Warenprobe

sample design Stichprobenplan(ung)

satisficing behaviour (Verhalten der Unternehmensleitung im Sinne der → satisficing theory)

satisficing theory (Theorie der Unternehmensmotivation, nach der sich die Leitung nach Erreichung eines individuellen „angemessenen" Mindestgewinnzieles auch von anderen Zielen leiten läßt / G: profit maximisation / → auch soulful corporation)

saturation point Sättigungspunkt, (relative) Marktsättigung

savings and loan association (Am) (Wohn-)Baufinanzierungsgenossenschaft (in mancher Hinsicht einer Bausparkasse vergleichbar)

savings intermediary Kapitalsammelstelle (z.B. Sparkasse, Versicherungsgesellschaft, Investmentfonds, d.h. Institutionen, die als Mittler zw. privatem Sparer, Kleinanleger und dem Kapitalmarkt fungieren)

saving schedule Spartabelle (tabellarische Darstellung des Zusammenhangs zwischen Einkommen und Sparen), Sparfunktion

savings rate Sparquote (Sparen als Prozentsatz des disponiblen Einkommens)

scalar Skalar (einelementige Matrix)

scalar product Skalarprodukt (Produkt aus einem Zeilenvektor und einem Spaltenvektor / Matrizenrechnung)

scale Maßstab, Umfang, Größenordnung, Produktionsniveau

scale effect Skaleneffekt, Ausstoßeffekt (Änderung in der Ausbringungshöhe durch Änderung der zur Verfügung stehenden Kostensumme)

scale line Expansionspfad (→ expansion path)

scarcity (volkswirtschaftl.) Knappheit

scatter diagram Streudiagramm

scattergram → scatter diagram

SDR → special drawing right

seasonal adjustment saisonale Bereinigung (Ausschaltung von saisonalen Faktoren in einer Zeitreihe)

secondary market Sekundärmarkt, Zirkulationsm. (Markt für „alte", d.h. bereits emittierte und im Umlauf befindliche Wertpapiere / G: → primary market)

secondary money sekundäres Geld, derivatives G. (Giralgeld der Geschäftsbanken, d.h. Sichtforderungen der Nichtbanken an die Geschäftsbanken)

secondary sector 1) sekundärer Sektor, Fertigungsindustrie 2) → non-basic sector

second-order partial derivative zweite partielle Ableitung (MAT)

sectoral inflation sektoral induzierte Inflation

sectoring Sektorbildung, sektorale Abgrenzung (VGR)

secular sekulär, (sehr) langfristig

security 1) Sicherheit, Besicherung (für Kredit) 2) (bes. MZ) Wertpapiere

security interest (etwa) Pfandrecht

selective employment tax (Br) selektive Beschäftigungssteuer (ehemalige nach Wirtschaftssektoren differenzierte Arbeitsplatzsteuer, die die Fertigungsindustrie bes. begünstigte)

self-financing Selbstfinanzierung (F., durch Ansammlung von Unternehmensgewinnen bzw. die Bildung von Rücklagen)

self-healing power Selbstheilungskraft (der Marktwirtschaft zugeschriebene Fähigkeit, exogene Störungen ohne Interventionen auszugleichen und zu einem Vollbeschäftigungsgleichgewicht zurückzufinden)

sellers' market Verkäufermarkt (Marktsituation mit steigenden Preisen, die den Verkäufern einen Konkurrenzvorteil bietet / G: → buyers' market)

seller('s) surplus Verkäuferrente (Differenz zwischen dem niedrigsten Preis, den ein Verkäufer für seine Ware akzeptieren würde, und dem tatsächlich erzielten Preis)

semi-luxuries Güter des gehobenen Bedarfs

semi-manufactured goods Halberzeugnisse, Halbfabrikate, Halbzeug (Erzeugnisse, wie Stangen, Blech, Plastikprofile, die für verschiedene Zwecke weiterverarbeitet werden)

semis → semi-manufactured goods

sensitive indicator (besonders) zukunftssensibler Frühindikator

sensitivity analysis Sensitivitätsanalyse (Untersuchung der Empfindlichkeit der optimalen Lösung eines Problems hinsichtlich der Konstanten der Zielfunktion, der Randbedingungen und der Anzahl der Variablen)

separability Trennbarkeit (z.B. von Nutzenfunktionen)

separable programming separable Planungsrechnung (Lösungsverfahren für nichtlineare Programme durch separate Linearisierung der Funktionen der einzelnen Variablen)

separation of tax sources Trennsystem (nach Halle / Form des Finanzausgleichs, bei der den einzelnen Ebenen des Einnahmensystems bestimmte Steuern zur ausschließlichen Ausschöpfung überlassen werden)

sequential analysis 1) Sequenzanalyse, Verlaufsanalyse (Verfahren zur Untersuchung von zeitabhängigen Beziehungen ökonomischer Variablen / vgl. dynamics) 2) Sequentialanalyse, Sequentialtestverfahren (stat. Stichprobenverfahren, bei dem die Anzahl der Stichproben nicht vorgegeben, sondern schrittweise aus dem Ergebnis

der vorliegenden Proben ermittelt wird)

service life Nutzungsdauer (z.B. von Anlagegütern)

set theory Mengenlehre (MAT)

settle down (auch) sich einspielen (z.B. v. Preisen)

shadow price Schattenpreis (geldmäßige Bewertung der Resourcen in einem Dualprogramm, die den Opportunitätskosten und nicht dem Marktpreis entspricht / vgl. dual problem; vgl. opportunity cost / LINPLAN / Kosten-Nutzenrechnung)

shadow value Schattenpreis (→ shadow price)

shadow wage Schattenlohn (nach dem Prinzip der → shadow prices berechneter Lohn)

share of profits Profitanteil, Profitquote (Einkommensverteilung)

shift (in a demand / supply curve) Verschiebung (in einer Nachfrage- bzw. Angebotskurve / durch Änderung exogener Faktoren – z.B. Geschmack, Einkommen-, so daß sich die nachgefragten bzw. angebotenen Mengen für alle Preise ändern)

shift-and-share analysis Shift-Analyse (Untersuchung der Verschiebung des relativen Anteils eines Teilaggregates am Gesamtaggregat / REG)

shifting of a tax Überwälzung einer Steuer

shift parameter Shift-Parameter (P., der die exogenen Faktoren eines komparativ-statischen Modelles zusammenfaßt)

shipping conference Schiffahrtskonferenz (Schiffahrtskartell)

shock variable stochastische Störvariable (V., die zur Erfassung stochastischer Störfaktoren in ein Gleichungssystem eingeführt wird / vgl. stochastic disturbance)

shop floor participation Mitbestimmung am Arbeitsplatz, basisorientierte Mitbestimmung

short run (sb) „kurzer" Zeithorizont (Zeitraum, in dem die Einsatzmenge zumindest eines Produktionsfaktors nicht geändert werden kann)

short-run (adj) kurzfristig, auf kurze Sicht

short-run cost curves kurzfristige Kostenkurven (-verläufe)

short seller Leerverkäufer (Börse)

shut-down Betriebsstillegung

shut-down point Betriebsminimum (Minimum der variablen Durchschnittskosten, bei deren Unterschreitung durch den Marktpreis die Produktion eingestellt werden muß)

side condition Randbedingung (→ constraint)

sign (sb) (Vor-)Zeichen (MAT)

simple interest einfache Verzinsung

simple regression einfache Regression, Einfachregression (Beziehung zwischen einer erklärenden und einer Zielvariablen / vgl. regression analysis)

simplex method Simplex-Methode (M., bei der die Eckpunkte des Lösungsbereiches berechnet werden / LINPLAN)

simultaneity bias → least-square bias

sine Sinus (MAT)

single tax Einheitssteuer, Alleinsteuer, Einsteuer (bes. auf die Grundrente)

single-stage turnover tax Einphasenumsatzsteuer

singular matrix singuläre Matrix (Wert der Determinante = 0)

sinking fund Armortisationsfonds, Schuldentilgungsfonds

skewed schief (Häufigkeitsverteilung, Korrelation / STAT)

skewness Schiefe (Eigenschaft einer asymmetrischen Häufigkeitsverteilung / STAT)

skim off (purchasing power) (Kaufkraft) abschöpfen

S and L → savings and loan association

slack (adj) flau, lustlos, schwach (Geschäft, Nachfrage)

slack (sb) 1) Schlupf, Pufferzeit (Netzplantechnik) 2) Schlupf, nicht ge-

nützte Kapazität(en) (LINPLAN) 3) Ausmaß der Unterbeschäftigung, des nicht genützten volkswirtschaftlichen Potentials (freie Kapazität und Arbeitslosigkeit) 4) flaue, ruhige Geschäftsperiode

slack variable Schlupfvariable, Leerlaufv. (repräsentiert ungenutzte Kapazität in einem Maximierungsprogramm bzw. überschüssige Resourcen in einem Minimierungsprogramm / LINPLAN)

sliding parity stufenflexibler Wechselkurs (→ crawling peg)

sliding peg stufenflexibler Wechselkurs (→ crawling peg)

sliding scale(s) 1) „gleitender Lohntarif" (älterer Ausdruck für verschiedene Formen der Preis- bzw. Indexbindung von Löhnen) 2) „gleitender Tarif" (z.B. Wertzölle und sonstige Abgaben ad valorem, nach sozialen Gesichtspunkten gestaffelte Gebühren oder Zuwendungen etc.)

slope Neigung (einer Kurve)

slope-intercept Anstiegsabschnitt (Wert für y bei x = 0)

slow-down 1) Nachlassen des Wirtschaftswachstums, Konjunkturverlangsamung 2) (Am) Bummelstreik

slump 1) Kurs-, Preissturz, Baisse 2) konjunktureller Einbruch, scharfe Rezession, Krise, Depression

slumpflation Zusammentreffen von Inflation und scharfer Rezession

slump-proof krisenfest

snob effect Snob-Effekt (Senkung der Nachfrage nach einem Gut durch einen Haushalt, wenn andere Haushalte das Gut konsumieren bzw. verstärkt konsumieren / externer Konsumeffekt)

snowball growth selbstpotentiertes Wachstum

social accounting volkswirtschaftliche Gesamtrechnung

social accounts (die Konten der) volkswirtschaftliche(n) Gesamtrechnung

social aggregate volkswirtschaftliches Aggregat, v. Globalgröße

social benefit(s) 1) volkswirtschaftlicher, gesellschaftlicher Ertrag / Nutzen im weiteren Sinne (d.h. mit Einschluß des dem Verursacher erwachsenden Nutzens) 2) positive Externalität(en), volkswirtschaftl., gesellschaftl. Nutzen / Ertrag im engeren Sinn (d.h. ohne den dem Verursacher erwachsenden Nutzen) 3) Staatsleistungen 4) staatliche Sozialleistungen

social cost(s) volkswirtschaftliche, gesellschaftliche Kosten, negative Externalität(en) (→ externalities)

social discount rate kalkulatorischer gesellschaftlicher Diskontsatz (Abzinsungsfaktor für öffentliche Investitionen bes. im Rahmen der Kosten-Nutzen-Analyse)

social indifference curve volkswirtschaftl., gesellschaftliche Indifferenzkurve (geometrischer Ort aller Kombinationen von privater und öffentlicher Produktion, die den gleichen gesellschaftlichen Nutzen stiften / Wohlfahrtstheorie)

social overhead capital Infrastrukturkapital (öffentliches Sachkapital)

social security payroll tax (Am) Arbeitgeberanteil bei der Sozialversicherung (berechnet als Prozentsatz der Löhne und Gehälter bis zu einem Höchstbeitrag je Arbeitnehmer)

social security tax (Am) Sozialversicherungsbeitrag

social want spezifisch öffentliches Bedürfnis, kollektives B. (B., das durch gemeinschaftliche Konsumation — ohne Möglichkeit, Nichtzahler auszuschließen, — befriedigt und dessen Befriedigung daher über die öffentl. Haushalte finanziert wird / z.B. B. nach Landesverteidigung / G: → private want)

soft currency weiche Währung (nicht frei konvertierbare W. mit oft wenig stabilem oder fallendem Außenwert)

soft goods (Am) → non-durable goods

soft loan weicher Kredit (1) ein in der weichen Währung des Kreditnehmerlandes zurückzahlbarer Entwicklungs-

hilfekredit 2) jeder Entwicklungshilfekredit zu günstigen Konditionen (z.B. lange Laufzeit, niedriger Zinssatz, lange rückzahlungsfreie Periode)

sole proprietor Einzelunternehmer (-men)

sole trader Einzelunternehmer (-men)

solid line durchgezogene Linie

solve an equation for x eine Gleichung nach x auflösen

soulful corporation „Großunternehmen mit Seele" (Schlagwort, das besagt, daß das moderne Großunternehmen nicht mehr von reinem Gewinnstreben, sondern einer verantwortlichen Einstellung zu Arbeitern, Kunden etc. geleitet sein soll)

sources and uses of funds Mittelherkunft und -verwendung (VGR / Finanzierungsrechnung)

sources of input liefernde Sektoren (IN/OUT)

space economy 1) Raumwirtschaft (Wirtschaft aufgefaßt als räumliches Gebilde mit geographischer Verteilung von Produktion, Distribution etc.) 2) Raumwirtschaftslehre (Erforschung von 1))

spatial economics Raumwirtschaftslehre

special deposits (Br) Mindestreserven (von den Geschäftsbanken bei der Bank von England in einem bestimmten Verhältnis zu den Kundeneinlagen zu haltende, verzinsliche Mindestreserven / keine Reserven im eigentl. Sinn, sd. Instrument der Notenbankpolitik)

special drawing rights Sonderziehungsrechte (eigens zu beschließende Ermächtigungen für die Mitglieder des Internationalen Währungsfonds zur Inanspruchnahme der Mittel des Fonds über die durch die Quoten bestimmte Höhe hinaus / fungieren als Währungsreserve und Reservemedium)

specialisation Spezialisierung; Arbeitsteiligkeit

specie Hartgeld, Metallgeld, gemünztes Geld (G: Papiergeld)

specie points → gold points

specific duty Mengen- bzw. Gewichtszoll
specific factor (of production) spezifischer Produktionsfaktor (F. ohne alternative Verwendungsmöglichkeit)
speculation balances Spekulationskassa (über die → transactions balances und → precautionary b. hinausgehende Geldhaltung, deren Höhe durch Erwartungen einer Änderung in der Rendite von Wertpapieren und anderen Investmentmedien motiviert ist)
speculative demand spekulative Geldnachfrage (vgl. speculative balances)
speculative motive Spekulationsmotiv (Motiv zur Haltung der → speculative balances)
spill-over effects Ausstrahlungseffekte, Externalitäten (→ external effects)
spot price Kassapreis, Lokopreis (vgl. spot transaction)
spot transaction Kassageschäft, Lokog. (bes. Börsenabschluß, der sofort oder kurzfristig zu erfüllen ist / G: → forward transaction)
spread (sb) 1) Streuung, Verteilung, Vielfalt 2) Abweichung (STAT) 3) Marge, Preis-, Kursdifferenz
square (sb) Quadrat
square matrix quadratische Matrix
square root Quadratwurzel
squeeze (sb) restriktive Wirtschaftspolitik, (Kredit-)Bremse
stabilisation branch Stabilisierungsabteilung (die für die wirtschaftl. Stabilität verantwortliche Abteilung in Musgraves imaginärer Finanzverwaltung)
stabilising scheme Stabilisierungsprogramm (für Konjunktur, Preise usw.)
stage of distribution Distributionsstufe (Absatzlehre)
stagflation Stagflation (Zusammentreffen von Stagnation und Inflation)
standard deviation Standardabweichung, mittlere quadratische Abweichung (STAT / Streuungsmaß)
standardisation Normung, Standardisierung
statement of condition Bilanz (USA/ Banken)

state of the art 1) Stand der Technik (Patent) 2) gegenwärtiger Wissensstand, „Lehrstuhlwissen"
statics statische Analyse, Statik (Form der wirtschaftstheoretischen Analyse, bei der alle Variablen auf einen Zeitpunkt bezogen sind und eine unendlich große Reaktionsgeschwindigkeit vorausgesetzt wird, d.h. keine → lags auftreten)
stationary equilibrium stationäres Gleichgewicht
stationary model stationäres Modell (dessen exogene Werte im Zeitverlauf gleich bleiben)
stationary state stationärer Wirtschaftszustand (Nullwachstum)
statistic 1) Statistik (einzelne Zusammenstellung von Daten) 2) Statistik (Parameter einer Stichprobe)
statistical inference statistische Schätzung, Berechnung der Schätzfunktion, schließende Statistik
statistics Statistik (als Wissenschaft)
steady state (growth) „stetiges" Wachstum (linear homogenes W., bei dem die relevanten Variablen dieselben Expansionsraten aufweisen)
steepnes (of a curve) Gradient (einer Kurve)
stickiness Starrheit, Inflexibilität (z.B. von Preisen)
stochastic disturbance stochastischer Störfaktor (zufallsbedingtes Ereignis, Element, das eine Irregularität in einem deterministischen Modell darstellt)
stochastic variable Zufallsgröße, stochastische Variable (V., die eine Reihe von Werten mit gegebener Wahrscheinlichkeit annehmen kann)
stock 1) Bestand, Bestandsgröße, Zeitpunktgr. (G: → flow concept) 2) Lager, Lagerbestand, -vermögen 3) Börsenwert 4) (Br) (MZ) Staatspapiere 5) (Br) Buchaktien, -obligationen (ohne feste Stückelung) 6) (Am) Aktien (-kapital) 7) Vieh

stock account Bestandsrechnung, -konto (VGR)

stock-adjustment function (model) (Produktions-)Kapitalanpassungsfunktion (dynamische Funktion, die den Zusammenhang zwischen Ausstoß und Änderungen in der Kapitalausstattung erfaßt / Akzeleratortheorie)

stock concept Bestandsgröße (-nbasis) (Erfassung von monetären oder physischen Einheiten an einem Stichtag / z.B. Aktiva und Passiva am Bilanzstichtag / G: → flow concept)

stock corporation (Am) Kapitalgesellschaft (bes. Aktiengesellschaft)

stock exchange Effektenbörse

stockholder 1) (Am) Aktionär 2) Lagerhalter (Großhändler mit Eigenlager / z.B. ,,steel stockholder")

stock of capital → capital stock 1)

stock of housing Wohnungsbestand

stockpiling 1) Anlegen von (strategisch wichtigen) Reserven, Bevorratungspolitik 2) (beabsichtigte und unbeabsichtigte) Lagerbestandserhöhungen 3) Lagerdispositionen

stockpiling behaviour Lagerdispositionen

stock right (Am) Bezugsrecht

stockturn → stock turnover

stock turnover Lagerumschlag (-shäufigkeit) (Verhältnis von Umsatz bzw. Lagerabgang und durchschnittl. Lagerbestand)

stop and go konjunkturpolitischer Zickzackkurs, Hü-Hott Politik (Konjunkturpolitik, die ruckartig zwischen Expansion und Restriktion pendelt)

stoppage Arbeitsunterbrechung (Streik und/oder Aussperrung)

store of value Thesaurierungsmittel, Wertaufbewahrungsm. (Funktion des Geldes)

straight-line function lineare Funktion

straight-line production possibility frontier lineare Transformationskurve (→ transformation curve)

stratified sample geschichtete Stichprobe (STAT)

strike record Streikbilanz

structural rigidity theory strukturelle Rigiditätstheorie (der Inflation)

subscript tiefgestellter Index (z.B. x_n)

subset Untermenge, Teilmenge (MAT)

subsidiary (company) Tochtergesellschaft

subsidy Subvention

subsistence economy Subsistenzwirtschaft, Bedarfdeckungswirtschaft, (primitive) Naturalwirtschaft (Wirtschaftsform, in der die Wirtschaftssubjekte nur für den Eigenbedarf produzieren)

subsistence level Existenzminimum

subsistence minimum Existenzminimum

substitute (sb) substitutives Gut

substitutional inputs substituierbare Inputs

substitution effect Substitutionseffekt (Wirkung einer Preisänderung für ein Gut bei gleichbleibenden Preisen für andere Güter in der Weise, daß entweder das eine Gut für die anderen Güter oder die anderen Güter für das eine Gut ganz oder teilweise substituiert werden)

sunk costs Kosten eines spezifischen Anlagegutes ohne alternative Verwendungsmöglichkeit

sun-spot theory Sonnenfleckentheorie (der Konjunkturzyklen)

supermultiplier Supermultiplikator, zusammengesetzter M. (→ compound multiplier)

superscript hochgestellter Index ($X^{(n)}$/ keine Hochzahl!)

supply schedule Angebotstabelle (tabellarische Darstellung des Zusammenhangs zwischen Preis und angebotener Menge) Angebots-, Preisangebotsfunktion

supply shift Angebotsverschiebung (vgl. shift in the supply curve)

supressed inflation zurückgestaute Inflation (bei staatl. oder monopolistisch beschränkter Preisflexibilität nach oben hin)

surcharge Zuschlag, Aufschlag, Mehrbelastung, Nachgebühr

surface (Funktions-)Ebene, Gebirge (dreidimensionales Diagramm zur Darstellung des Zusammenhanges zwischen drei Variablen)

surplus value (marxistischer) Mehrwert (der dem Kapitalisten zufließende Überschuß des Gebrauchswerts der Arbeit über ihren Tauschwert, d.h. Bruttoproduktionswert minus Vorleistungen, minus Lohnkosten)

surplus variable Schlupfvariable in einem Minimierungsprogramm (vgl. slack variable)

surrogate price Surrogatspreis (Bewertung eines Gutes oder einer Resource ohne Marktpreis / z.B. nach dem Opportunitätskostenprinzip / → shadow price)

surtax „Übersteuer", „Zusatzsteuer" (zusätzlich zur normalen Einkommensteuer erhobene stark progressive Steuer auf höhere Einkommensstufen)

survey (sb) Erhebung, Studie, Untersuchung

swap Swap (Kombination eines Devisenkassageschäftes mit einem Devisentermingeschäft / meist zur Kurssicherung)

sweating Ausbeutung (von Arbeitskräften)

syndicated loan Konsortialanleihe

synergism synergetischer Effekt, synergetisches Prinzip (Zusammenwirken zweier oder mehrerer Faktoren, so daß der Sammeleffekt größer ist als die Summe der Effekte jedes einzelnen Faktors / z.B. bei Fusionen)

T

take-home pay effektiv ausbezahlter Lohn

take-off 1) „Startphase" (Beginn des industriellen Aufschwungs und selbstpotenzierten Wachstums in einer Volkswirtschaft / Rostow) 2) Beginn einer konjunkturellen Aufschwungsphase

takeover (sb) Übernahme eines Unternehmens durch ein anderes (besonders auf dem Wege eines → takeover bid)

takeover bid öffentliches Übernahmeangebot (Angebot des Unternehmens A an die Aktionäre des Unternehmens B, die Aktien von B aufzukaufen, um die Kontrolle über B zu übernehmen)

tangency Tangenz, tangentiale Berührung

tangible assets Sachvermögen, körperliches Anlagevermögen, körperliche Wirtschaftsgüter

target Ziel, Plansoll, Sollziffer

target variable Zielvariable (V., auf deren Beeinflussung Wirtschaftspolitik letztlich abzielt, die aber nur indirekt über die → policy variables zu beeinflussen ist)

tariff Zoll, Zolltarif, Tarif

tariffs for infant industries·Erziehungszölle (vgl. infant industries)

taxable income base (Einkommens-)Steuerbemessungsgrundlage

tax avoidance Steuervermeidung, Steuerumgehung (durch rechtlich unbedenkliche Änderung der wirtschaftl. Dispositionen)

tax base 1) Steuergegenstand, Steuerobjekt 2) Steuerbemessungsgrundlage

tax bill Steuerlast, Steuerschuld, Zahllast,(Höhe der) Steuervorschreibung

tax break (Am) steuerliche Begünstigung, Steuervorteil

tax (change) multiplier Steuermultiplikator (Meßzahl, die angibt, das Wievielfache einer autonomen Änderung im Steueraufkommen die dadurch induzierte Änderung im Volkseinkommen beträgt / vgl. multiplier)

tax credit Steuergutschrift, Absetzbetrag (nach österr. Terminologie seit 1972), Steuerabzug (direkte Minderung der Steuerbelastung / G: → tax deduction; → tax exemption; → tax allowance)

tax cut Steuersenkung

tax deduction (Am) Absetzbetrag, Absetzung (z.B. für Abnutzung / ST)

tax dodging Steuerabwehr, Steuerausweichung (→ tax avoidance; → tax evasion)

tax equity Steuergerechtigkeit

tax evasion Steuerhinterziehung

tax exemption Steuerbefreiung; (Am) (persönl.) Steuerfreibetrag (z.B. für Angehörige, Blinde etc.)

tax haven Steueroase, Steuerparadies

tax impact unmittelbare Wirkung einer Steuer (auf den Steuerzahler, der sie aber abwälzen kann / vgl. tax incidence)

tax incidence Steuerinzidenz (wirtschaftliche Wirkung einer Steuer auf das Wirtschaftssubjekt bzw. die Gruppe von Wirtschaftssubjekten, die sie letztlich trägt, meßbar als Differenz zwischen dem Einkommen des Steuerträgers vor und nach der Besteuerung / vgl. tax impact)

tax loophole Steuerschlupfloch (Lücke in den Maschen der Steuergesetzgebung, die eine rechtlich unbedenkliche Minderung der Steuerbelastung ermöglicht / vgl. tax avoidance)

tax on value added Mehrwertsteuer

tax return Steuererklärung

tax revenue Steueraufkommen, Steuereinkünfte

tax sharing (Am) ,,Beteiligung am Steueraufkommen" (besondere Form des vertikalen Finanzausgleichs, bei dem untergeordnete Körperschaften am Steueraufkommen der übergeordneten nach einem bestimmten Schlüssel beteiligt sind)

tax shifting Steuerüberwälzung (gänzliche oder teilweise Vermeidung der Steuerinzidenz → tax incidence durch Erhöhung der Abnehmerpreise bzw. Senkung der Lieferantenpreise)

tax take fiskalische Abschöpfung, Steueraufkommen

tax yield Steueraufkommen, Steuereinkünfte; Steuerertrag (Aufkommen minus Kosten der Einhebung)

telegraphic transfer telegraphische Auszahlung

tender (vb) anbieten, darbieten; (Zahlung, Leistung zur Erfüllung einer Verpflichtung) anbieten; ein Angebot machen, ,,andienen"

tender (sb) 1) (allg.) Angebot, Anerbieten, Zahlungsangebot (vgl. legal tender) 2) Submissionsangebot (auf Grund einer Ausschreibung) 3) (etwas ungenau) Ausschreibung (-sverfahren) / by tender – durch Ausschreibung

tending to x gegen x gehend (z.B. Integralrechnung)

terminal utility Grenznutzen (→ marginal utility)

terms of trade Terms of Trade, (reales) außenwirtschaftliches Austauschverhältnis (Maßzahl für die Kaufkraft der Exporte eines Landes / Verhältnis eines Index der Ausfuhrpreise zu einem Index der Einfuhrpreise oder umgekehrt)

theory of employment Beschäftigungstheorie (Untersuchung der Bestimmungsgründe des Beschäftigungsgrades einer Volkswirtschaft / vgl. employment)

theory of games Spieltheorie

theory of income determination Theorie der Einkommensbestimmung (vgl. income determination)

third-party effects → externalities

threshold payment indexgebundene Lohnerhöhung (automatisch bei Überschreitung eines gewissen Inflationsschwellenwertes gewährte Lohnerhöhung / Bestandteil vieler brit. Tarifverträge 1974/75)

thrift Sparen, Sparsamkeit

tied aid gebundene (Entwicklungs-) Hilfe (mit der Auflage gewährte bilaterale Kapitalhilfe, daß das Empfängerland Aufträge an das Geberland erteilt)

tied loan gebundener Kredit (bes. gebundener Entwicklungshilfekredit / vgl. tied aid)

tight knapp, angespannt, mit Versor-
gungsschwierigkeiten (kämpfend)
tight money Politik des knappen Geldes,
Kreditverknappung, (hohe Zinssätze
und/oder Verringerung der Bankliquidität und/oder Verschärfung bzw.
Einführung von direkten Kreditrestriktionen)
time deposits (Am) Termineinlagen, be-
fristete E. (Fest- plus Kündigungsgelder – nach amtl. Regelung – mit
einer Laufzeit bzw. Kündigungsfrist
von zumindest 30 Tagen)
time horizon Zeithorizont, Entschei-
dungszeitraum, zeitlicher Entschei-
dungsrahmen (bes. bei Entscheidungen die Organisation der Produktion
durch den Unternehmer betreffend /
Kostenverläufe), Untersuchungszeit-
raum
time path Zeitpfad, Verlaufsstruktur
time preference 1) Zeitpräferenz (Bevorzugung des Verbrauchs von Gütern zu irgend einem bestimmten
Zeitpunkt gegenüber anderen möglichen Zeitpunkten) 2) Gegenwartsprä-
ferenz (fälschlich auch oft „Zeitpräferenz") (Bevorzugung der Güter des
gegenwärtigen Verbrauchs gegenüber
Gütern des zukünftigen Verbrauchs)
time series Zeitreihe (zwingend chrono-
logisch angeordnete statische Daten-
reihe / z.B. die Werte des BNP über
einen bestimmten Zeitraum)
time subscript (tiefgestellter) Zeitindex
(z.B. einer Variablen in einem dyna-
mischen Modell)
time utility der durch die Bereitstellung
eines Gutes im erforderlichen Zeitpunkt – d.h. durch Transport und
Lagerhaltung – gestiftete Nutzen
token coin Scheidemünze (Substanzwert
unter Nennwert), Metallwertmarke
token money Kreditgeld (→ credit money)
trade barrier Handelsschranke
trade bill Warenwechsel, Handelswechsel
(G: → finance bill 1))
trade credit Lieferantenkredit, Warenkre-
dit

trade cycle Konjunkturzyklus
trade figures Außenhandelszahlen, -er-
gebnisse
trade gap 1) Handelsbilanzdefizit 2) Lei-
stungsbilanzdefizit
trade investments (Br) (etwa) Beteiligungen (Bilanz: Minderheitsanteile an
branchenverwandten Unternehmen)
trade-off (sb) (wörtl.) „Abtausch" (Substitution bzw. Substitutionsmöglich-
keit zwischen den Graden der Ziel-
realisierung zweier konkurrierender
Ziele / z.B. je höher die Arbeitslosigkeit, desto niedriger die Inflationsrate
und umgekehrt / Phillipskurve)
trade returns (Statistiken über) Außen-
handelsergebnisse, Außenhandelszahlen
trade union (Br) Gewerkschaft
trade-weighted „außenhandelsgewichtet"
(nach den mengenmäßigen Außen-
handelsanteilen der verschiedenen
Handelspartner eines Landes gewich-
tet)
trade-weighted currency basket außen-
handelsgewichteter Währungskorb,
-index, -indikator (vgl. trade-weighted)
trade-weighted depreciation mit Hilfe
eines außenhandelsgewichteten Wäh-
rungsindexes gemessener Kursrückgang einer Währung (vgl. trade-
weighted)
trading profit (Br) Betriebsgewinn
transaction cost(s) Transaktionskosten
(die bei der Abwicklung eines Ge-
schäftes notwendigerweise anfallen-
den Nebenkosten – Werbung, Doku-
mente, Transport zum Markte – im
Gegensatz zu den eigentlichen Kosten der Leistung)
transactions balances Transaktionskasse,
Umsatzk., Transaktionsgeld (Geldhaltung zu Transaktionszwecken, d.h.
zur Deckung des aus den laufenden
Transaktionen einer Planungsperiode
resultierenden Finanzierungsbedarfs,
soweit Höhe und Termine der Zah-
lungsvorgänge als sicher angesehen
werden)

transactions demand Geldnachfrage auf Grund des → transactions motive

transactions motive Transaktionsmotiv (Motiv zur Haltung der → transaction balances)

transactions velocity (of money) Umlaufgeschwindigkeit, Transaktionshäufigkeit des Geldes bezogen auf das Volumen aller Transaktionen einer Periode

transfer 1) (rechtsgeschäftl.) Übertragung von Rechten und Vermögensgegenständen 2) Transfer, Leistung (Wertübertragung zwischen zwei Ländern, u.z. durch Umwandlung aus der Währung des einen in die W. des anderen) 3) (bargeldlose) Überweisung 4) Verlegung, Versetzung 5) Übertrag, Umbuchung (BU)

transfer cost Transferkosten (Zahlung, die notwendig ist, einen Faktor aus einer alternativen Nutzung abzuziehen)

transfer earnings Transfererträge (Zahlung, die einen Faktor in der besten alternativen Nutzung erhalten würde)

transfer expenditure Transferausgaben (Ausgaben der öffentl. Haushalte ohne ökonomische Gegenleistung / → transfer payments / G: → exhaustive expenditure)

transfer expenditure multiplier Multiplikator der Transferausgaben (quantifiziert die Wirkungen einer autonomen Änderung in den Transferausgaben auf das Volkseinkommen / vgl. multiplier; vgl. transfer expenditure)

transfer income Transfereinkommen, Nicht-Leistungseinkommen (vgl. transfer payments)

transfer payments Transferzahlungen, Nicht-Leistungszahlungen, (Einkommensübertragungen der öffentl. Haushalte ohne ökonomische Gegenleistung / z.B. Staatspensionen)

transfer price Verrechnungspreis (P. zur Bewertung von innerbetrieblichen bzw. konzerninternen Lieferungen und Leistungen / weicht oft vom Marktpreis ab)

transfer problem Transferproblem (durch Reparationsleistungen ausgelöstes Zahlungsbilanzproblem, bes. für Deutschland nach dem 1. Weltkrieg)

transfers 1) (→ transfer payments) 2) Transfers, unentgeltliche Leistungen, Schenkungen (ZB)

transfer theory Theorie der außenwirtschaftlichen Wertübertragung

transform 1) transformieren, umwandeln 2) abbilden (MAT / Mengenlehre / vgl. mapping)

transformation 1) Transformation, Umwandlung 2) Abbildung (MAT / Mengenlehre / → mapping)

transformation curve Transformationskurve, Produktionskapazitätskurve (geom. Ort aller Produktionsalternativen für zwei Güter bei Vollbeschäftigung aller − begrenzt vorhandenen − Produktionsfaktoren)

transitory income transitorisches Einkommen (d.h. zufälliges, nicht erwartetes oder geplantes Einkommen)

transpose of a matrix transponierte Matrix

traverse between equilibrium levels Übergang zwischen Gleichgewichtsniveaus, Übergangspfad

Treasury bill Schatzwechsel (vom Staat emittierter Solawechsel)

trend line Trendlinie (unabhängig von − saisonalen und konjunkturellen − Schwankungen feststellbare Grundrichtung einer Zeitreihe / z.B. Wachstumspfad einer Volkswirtschaft)

trivial solution triviale Lösung (x = 0)

trough Tiefpunkt, (konjunkturelles) Wellental, Talsohle der Konjunktur

truck system Naturalentlohnung (-ssystem), Warenentlohnung (-ssystem)

truncated multiplier verkürzter Multiplikator (dynamischer Multiplikator → dynamic m., der nicht die Einkommensänderung der letzten, sondern einer beliebigen Periode zwischen den beiden Gleichgewichtsperioden berücksichtigt)

trust 1) Treuhandverhältnis 2) treuhändisch verwaltetes Vermögen, Sondervermögen, Fondsvermögen 3) Investmentfonds (→ unit trust; → investment trust) 4) Massachusetts Trust 5) (monopolistischer) Großkonzern, wettbewerbsbeschränkender Unternehmenszusammenschluß, kartellartige Vereinbarung

trust-busting Zerschlagung von Monopolkonzernen, Kartellentflechtung

trust fund (Am) aus dem administrativen Budget ausgegliederte Sonderfonds für zweckgebundene Steuern

turning point Wendepunkt (bes. im Konjunkturzyklus: lokaler Extremwert in der Zeitreihe des Sozialproduktes)

turnover 1) Umsatz, Absatz 2) Umschlagshäufigkeit, Wälzung

TVA → tax on value added

two-stage least squares zweistufige Kleinstquadratmethode (Methode zur Funktionsschätzung)

two-tier board gespaltenes, zweistufiges Führungsgremium (der kontinentalen Aktiengesellschaften / d.h. bestehend aus Aufsichtsrat und Vorstand im Gegensatz zum angelsächs. → board of directors)

two-tier gold market gespaltener Goldmarkt (Zentralbankenmarkt und freier Markt)

U

ultimate consumer Letztverbraucher

ultimate taxpayer Steuerträger (vgl. tax incidence)

unavoidable cost unvermeidliche Kosten, Fixkosten

underwrite (vb) 1) versichern, versicherungstechn. Geschäfte durchführen 2) garantieren (Emission) 3) finanziell stützen, absichern; finanzieren

underwriting 1) Versichern, versicherungstechnisches Geschäft 2) (Emissions-) Garantie, Emissionsgeschäft (der Banken), Fremdemission

unearned income 1) Besitzeinkommen (E. aus dem Eigentum an Boden und Produktionsgütern / G: → earned income) 2) (Am) periodenfremde Erträge (BU)

uneasy triangle magisches Dreieck (bildl. Ausdruck für den wirtschaftspolitischen Zielkonflikt zwischen Vollbeschäftigung, binnenwirtschaftlicher und außenwirtschaftlicher Stabilität)

unemployment benefit Arbeitslosenunterstützung

uneven distribution ungleichmäßige Verteilung

unfair competition unlauterer Wettbewerb

unilateral transfers (Bilanz der) unentgeltliche(n) Leistungen, Übertragungsbilanz, Schenkungsbilanz (ZB)

unincorporated enterprise Unternehmen ohne eigene Rechtspersönlichkeit

union Vereinigungsmenge (Mengenlehre)

unionisation (degree of) (Grad der) Gewerkschaftsdichte (Gewerkschaftsmitglieder als Prozentsatz aller Arbeitnehmer)

unionise gewerkschaftlich organisieren

union set Vereinigungsmenge (Mengenlehre)

union shop gewerkschaftspflichtiger Betrieb (in dem Sinne, daß auch nicht organisierte Arbeitskräfte eingestellt werden, die aber nach Ablauf einer bestimmten Frist Gewerkschaftsmitglieder werden müssen)

unique eindeutig (MAT)

unique solution eindeutige Lösung

unit 1) Einheit, Wirtschaftssubjekt, Unternehmen, Betrieb 2) Vermögensanteil (Investmentfonds) 3) „eins", mit dem Wert „eins"

unitary „eins", mit dem Wert „eins"

unit cost(s) Stückkosten (Kosten pro betrieblicher Leistungseinheit)

unit elasticity Elastizitätsgrad „eins"
(z.B. Preise und Nachfrage verändern
sich im gleichen prozentualen Ausmaß)

unit labour cost(s) Lohnstückkosten
(Arbeits- bzw. Lohnkosten pro Leistungseinheit / Produktivitätsmaß)

unit trust (Br) Investmentfonds (Ver-
tragstypus / Treuhandbasis / offene
Kapitalstruktur mit jederzeitigem In-
vestmentanteilver- bzw. -rückkauf)

unit vector Einheitsvektor (V. von der
Länge „eins")

universe Population, Grundgesamtheit
(STAT)

unknown (sb) Unbekannte (MAT)

unrequited exports (Br) Export ohne
(unmittelbare) Gegenleistung (besonders zur Begleichung von Auslands-
schulden)

urban and regional policy Raumord-
nungspolitik

urban base studies Exportbasisforschung
im städtischen Bereich (vgl. economic
base)

user charge Benützungsgebühr (Gegenleistung für die Benützung öffentl. Ein-
richtungen / z.B. Autobahnmaut)

user cost 1) Wertverzehr, Wertminderung
von Anlagegütern im Produktionsprozeß, Abschreibung (Keynes) 2) Ge-
samtbenützungskosten (volkswirtschaftl. und private Kosten der Verwendung einer öffentl. Einrichtung)

util Nutzeneinheit (Maßstab zur Nutzen-
messung)

utility 1) Nutzen, Nützlichkeit 2) öffentlicher Versorgungsbetrieb

utility tree Nutzenbaum (graphische
Darstellung einer additiven trennba-
ren Nutzenfunktion)

V

V → velocity

vacancy freie Stelle, freier Posten

value added Wertschöpfung, Mehrwert,
Veredlung (-squote) (Bruttoproduktionswert minus Vorleistungen / minus Abschreibungen / vgl. gross value
added; vgl. net value added)

value-added approach Wertschöpfungsan-
satz (z.B. bei der Berechnung des
BNP)

value added tax Mehrwertsteuer

value in exchange Tauschwert

value in use Gebrauchswert

value judgement Werturteil

value sales wertmäßiger Umsatz

variable capital variables Kapital (Lohnsumme / Marx)

variance Varianz (STAT / Quadrat der
Standardabweichung / vgl. standard
deviation)

variations Variationsrechnung

VAT → value added tax

vector Vektor (einspaltige oder einzeili-
ge Matrize)

veil of money Geldschleier (bildl. Ausdruck für die bloße Vermittlungs-
funktion des Geldes, dem die Klassiker keinen aktiven Einfluß auf das
Wirtschaftsgeschehen zuerkannten)

velocity of circulation Umlaufgeschwindigkeit, Transaktionshäufigkeit des
Geldes (Größe, die angibt, wie oft
eine Geldeinheit innerhalb einer Periode zur Finanzierung von Transaktionen verwendet wird / vgl. income
velocity; vgl. transaction velocity)

venture capital Risikokapital

VES → variable elasticity of substitution

VES (production) function VES Produktionsfunktion (makroökonomische
Produktionsfunktion mit variabler
Faktorsubstitutionselastizität / vgl.
elasticity of substitution)

variable elasticity of substitution variable Substitutionselastizität (vgl. elasticity of substitution)

vintage model Vintage-Modell (Wachs-
tumsmodell mit nach Jahrgängen dif-
ferenziertem Produktionskapitalbestand)

visibles „sichtbare" Exporte und Importe, Warenverkehr mit dem Ausland,
Posten der Handelsbilanz

visible trade Warenhandel (ZB)

vital statistics 1) Bevölkerungsstatistik (bes. hinsichtlich der natürlichen Bevölkerungsbewegung) 2) Konjunkturstatistik, (wesentliche) volkswirtschaftliche Kennzahlen

volume sales Mengenumsatz

W

wage bill Lohnsumme, Personalaufwand

wage claim Lohnforderung

wage demand Lohnforderung

wage differential Lohngefälle (zwischen Sparten, Ländern usw.)

wage disbursements tatsächlich ausbezahlte Löhne

wage drift Lohntrift, Überzahlung (Unterschied zwischen kollektivvertraglichen Löhnen und Istlöhnen / letztere oft mit Einschluß der Überstundenverdienste)

wage fund Lohnfonds (von verschiedenen Klassikern als in einer Volkswirtschaft feststehend gedachte Kapitalmenge für Lohnzahlungen)

wage-fund theory Lohnfondstheorie (vgl. wage fund)

wage rate 1) Stundenlohn, Lohn(satz) 2) Standardwochenlohn (ohne Überstunden)

wage share Lohnquote (prozentualer Anteil der Löhne am Volkseinkommen)

waiting-line theory Warteschlangen-Theorie (→ queuing theory)

want (sb) Bedürfnis

warranted rate of growth sg. „gerechtfertigte" Wachstumsrate (= Wachstumsrate des Ausstoßes, die ein Investitionsniveau garantiert, das gerade der Höhe des freiwilligen Sparens bei der implizierten Einkommenshöhe entspricht – Domar)

waste disposal Abfallbeseitigung, Entsorgung

wasting assets 1) der Abnutzung unterliegende Vermögensgegenstände 2) nicht reproduzierbares Realvermögen (z.B. Bodenschätze)

ways and means advances (etwa) Kassenkredite der Zentralbank an öffentliche Haushalte

wealth effect Pigou-Effekt (→ real balance effect)

wealth tax Vermögenssteuer

wear and tear Abnutzung, Verschleiß, Kapitalverzehr durch Verschleiß

weighted average gewogener Durchschnitt

weighted index gewichteter, gewogener Index

weighting Gewichtung (STAT / stat. Verfahren bei der Berechnung von Mittelwerten aus Einzelzahlen, die mit Faktoren multipliziert werden, die ihre Häufigkeit oder sonstige zusätzliche quantitative Aspekte widerspiegeln)

welfare 1) (gesellschaftliche) Wohlfahrt (gesellschaftlicher Gesamtnutzen / wegen des subjektiven Elementes im Nutzenbegriff stark umstrittener Begriff) 2) Fürsorge (-tätigkeit), Sozialhilfe

welfare economics Wohlfahrtstheorie, Wohlfahrtsökonomik, Allokationstheorie (wirtschaftstheoretische Analyse der Wirtschaftstätigkeit unter dem Aspekt der Maximierung des gesellschaftlichen Gesamtnutzens / vgl. welfare)

welfare effects Wohlfahrtseffekte (Wirkungen auf den gesellschaftl. Gesamtnutzen)

welfare indicator Wohlfahrtsindikator (Maßzahl zur Erfassung der gesellschaftlichen Wohlfahrt → welfare in verschiedener Ausprägung: Pro-Kopf-BNP, bereinigtes Pro-Kopf-BNP, Zusammenstellung von Bereichsindikatoren, die auch Freizeit u.ä. berücksichtigen)

welfare payment Unterstützungsleistung (bes. der öffentlichen Hand)

white-collar differential Gefälle zwischen der Entlohnung von Arbeitern und Angestellten

white-collar worker (Am) (Büro-) Angestellter

wholesale trade Großhandel
widening capital → capital widening
widening investment → capital widening
windfall gains 1) Zufallsgewinn, unerwartetes, nicht geplantes Einkommen 2) dynamische Differentialeinkommen (aus Faktorpreisdifferenzen auf Grund von Ungleichgewichten)
withdrawal Entzug, Stillegung, (autonome) Kontraktionsgröße (z.B. Sparen, Steuern, Importe / G: → injection)
withholding tax (Am) 1) (im Abzugweg eingehobene) Lohnsteuer 2) (im Abzugweg eingehobene) Kapitalertragsteuer
wolf point → break-even point der Konsumfunktion (Einkommen = Ausgaben)
working capital 1) Betriebskapital (Umlaufvermögen) 2) Nettoumlaufvermögen (Umlaufvermögen minus kurzfristige Verbindlichkeiten)
working population (Br) Erwerbsbevölkerung (Beschäftigte, Arbeitslose − freiwillig oder unfreiwillig −, beschränkt Vermittlungsfähige; die Bevölkerung zwischen 15 und 65)
work-to-rule Aktion „Vorschrift" (eine Art des Bummelstreiks)

X

X exports

Y

Y → income
yield (sb) 1) Ertrag, Ausbeute 2) Rendite, Effektivverzinsung
yield (vb) 1) abwerfen (Rendite) 2) ergeben (MAT)

Z

zero Null
zero-rated (Br) echt mehrwertsteuerbefreit (d.h. mit Vorsteuerabzug)
zero-rating (Br) echte Mehrwertsteuerbefreiung (d.h. mit Vorsteuerabzug)
zero-sum game Nullsummenspiel (SPT)